ELOGIOS PARA PEDAGOGÍA POTENCIADA POR IA

"Este es un libro sobresaliente y necesario de una educadora inspiradora. La IA está aquí, como Wathall claramente demuestra, y no podemos retroceder el tiempo aunque quisiéramos. Pero este libro muestra que no deberíamos querer hacerlo porque hay tantas posibilidades de hacer la educación mejor, más fácil, más emocionante y más adaptada al futuro. Está lleno de ideas y ejemplos, desde la formulación de políticas y la ética hasta la planificación de lecciones y la evaluación, que llevarán a cualquier profesor o líder escolar adelante en su comprensión y su práctica."

Chris Binge, MA Cantab
Consultor de Educación Internacional
Ex Líder de Escuelas Internacionales

"Una lectura obligada para cualquier líder escolar que busque crear o revisar su política de IA o alfabetización digital. Wathall demuestra una vez más que se mantiene a la vanguardia mientras la educación evoluciona a nuestro alrededor. Su último trabajo es la mezcla perfecta de conocimientos actualizados, consejos prácticos y recursos, manteniendo el enfoque en el corazón de la discusión sobre cómo usar la IA de manera responsable y efectiva. Todos sabemos que necesitamos adoptar la IA como herramienta, este libro nos muestra cómo."

Christian Chiarenza
Subdirector de Secundaria, Escuela Internacional de Fukuoka

"Un libro oportuno que no solo impulsa a los educadores a tomar acción ahora, sino que también equipa a los profesores y líderes escolares con las herramientas y el lenguaje para adoptar la Pedagogía Potenciada por IA en sus escuelas. Wathall logra conectar los puntos entre un enfoque ético a nivel escolar, la empatía por el viaje de aprendizaje de todos los educadores y del estudiante, junto con ejemplos inspiradores. Su pasión por asegurar que la IA sirva como un socio colaborativo de aprendizaje en cada aula y se utilice como una fuerza para el bien hace que esta sea una lectura obligada para cualquiera que trabaje en educación hoy. ¡Wow!"

Aubrey Curran

Consultor, Formador y Coach de Educación Internacional
Ex Director de Escuela

"Un libro para apoyar el enfoque sistémico de la IA en las escuelas en un momento en que muchos se sienten abrumados, gracias. El enfoque en la educación centrada en el ser humano, potenciada por las herramientas disponibles, es esperanzador e inspirador. Wathall ha proporcionado un recurso que puede impactar desde la política macro hasta la práctica individual micro, y los ejemplos realmente refuerzan la idea de que todo se trata de pedagogía y aprendizaje en el corazón, como siempre ha sido. La educación es un esfuerzo centrado en el ser humano que puede enfocarse aún más en el aprendizaje utilizando herramientas de IA para ahorrar tiempo y concentrarse en lo más poderoso para el aprendizaje."

Dr. Michael Johnston
CEO Escuela Internacional SJI

"Este libro no podría ser una contribución más oportuna y útil a la conversación que muchos de nosotros estamos teniendo sobre el impacto de la IA en el mundo de la educación. Lo que me encanta de la propuesta de Jennifer es el enfoque claro y sin disculpas en la pedagogía. Al posicionar la IA al servicio del aprendizaje, en lugar de como una amenaza para la enseñanza, la capacidad de acción y el repertorio pedagógico de los educadores se vuelve más importante, no menos. ¡Este es un libro empoderador e iluminador que todo profesor debería tener en su colección!"

Kath Murdoch
Autora y Consultora Internacional en Educación

"Una de mis secciones favoritas es 'Las Cuatro Etapas de la Adopción de Pedagogía Potenciada por IA', que enfatiza el aprovechamiento de los avances tecnológicos para lograr resultados que de otro modo serían imposibles, en lugar de simplemente reemplazar las herramientas del aula. Este enfoque se alinea con el cambio de paradigma que Wathall describe, proporcionando pasos prácticos para integrar la IA en las lecciones. Su mensaje claro y libre de jerga lo hace una lectura fácil, interesante y poderosa."

David Panford-Quainoo
Profesor de Física, Matemáticas y TdC del PD

"'Pedagogía Potenciada por IA' de la Dra. Jennifer Chang Wathall es una guía imprescindible para educadores y líderes educativos que buscan incorporar la IA de manera efectiva y responsable en sus escuelas y práctica docente. Ofrece un marco integral para crear políticas institucionales de IA, enfatizando consideraciones éticas, privacidad y colaboración.

Jennifer también empodera a los profesores destacando estrategias para automatizar tareas administrativas y mejorar la participación de los estudiantes, mientras se centra en aplicaciones de IA centradas en el alumno. Estas promueven el aprendizaje basado en conceptos e investigación con un fuerte énfasis en la ética y la integridad académica. Encontré gran valor en los consejos prácticos, ejemplos de la vida real y estudios de casos dispersos a lo largo del libro.

En el mundo en rápido desarrollo de la IA, es fácil sentirse abrumado. El libro de Jennifer ofrece una comprensión integral del paisaje actual de la IA en educación y proporciona principios duraderos a los que aferrarse."

Jan-Mark Seewald
Consultor Educativo
Ex Subdirector de Escuela

"Desde las primeras páginas de su libro, Wathall imagina un futuro de la educación que establece un alto estándar para el resto del libro. Y alcanza ese estándar. No es solo un libro sobre el uso de la IA para mejorar el flujo de trabajo de los profesores, no es solo un libro sobre hacer mejor el aprendizaje existente, es un libro sobre la transformación de la educación.

En el futuro de la educación de Wathall, la tecnología se utiliza para extender las capacidades humanas en direcciones impensables. El libro está escrito para profesores y líderes escolares, cubriendo todos los aspectos relacionados con la IA, desde principios hasta la redacción de políticas y pedagogía. Contiene ejemplos específicos que cualquier profesor puede usar desde mañana en su trabajo. Las grandes ideas están estructuradas en diagramas y diagramas de flujo que hacen que todo sea fácil de entender y recordar. El libro es imprescindible para cualquier escuela que mire hacia el futuro."

Dra. Daniela Vasile
Directora de Aprendizaje, Avenor College

PEDAGOGÍA POTENCIADA POR IA

PEDAGOGÍA POTENCIADA POR IA

REDEFINIENDO LA EDUCACIÓN

DRA. JENNIFER CHANG WATHALL

Prólogo de Alexis Wiggins

ISBN 978-988-70646-2-6
Publicado por Jennifer Chang Wathall
Hong Kong

Imagen de portada

Generada por Dall-E-3

Prompt: ¿Puedes crear un boceto en blanco y negro de Armonización de

IA y Aportación Humana?

DESCARGO DE RESPONSABILIDAD: Este libro puede dirigirte a acceder a contenido de terceros a través de enlaces web, códigos QR u otras tecnologías escaneables, que se proporcionan como referencia por parte del autor. El autor no garantiza que dicho contenido de terceros estará disponible para tu uso y te anima a revisar los términos y condiciones de dicho contenido de terceros. El autor no asume ninguna responsabilidad por tu uso de cualquier contenido de terceros, ni aprueba, patrocina, respalda, verifica o certifica dicho contenido de terceros.

CONTENIDO

LISTA DE FIGURAS

PRÓLOGO
POR ALEXIS WIGGINS

Conocí a Jennie hace años cuando ambas trabajábamos por separado como consultoras y líderes de talleres para el IB. En ese momento, ella estaba enfocada en la enseñanza basada en conceptos en matemáticas, y yo estaba trabajando en los Enfoques de la Enseñanza y el Aprendizaje del PD. Tuvimos una conexión instantánea. Recuerdo haber escuchado sobre su impacto en las matemáticas en el programa IBDP, e inmediatamente fui a leer algunos de los escritos sobre matemáticas que había hecho para el IB. Quedé fascinada; desearía que mi educación matemática hubiera sido enseñada conceptualmente dentro de marcos más amplios como "Patrones"; ¡habría sido mucho más significativo para esta estudiante de humanidades!

Mi padre, el difunto reformador educativo Grant Wiggins, me inculcó una pasión por la pedagogía y un impulso por enseñar para lograr una comprensión profunda y duradera. Le habría encantado Jennie y su enfoque de la enseñanza y el aprendizaje: siempre centrado en la comprensión conceptual y las "grandes ideas".

Aunque Jennie y yo vivimos en extremos opuestos del mundo, he seguido su carrera con admiración a lo largo de los años, leyendo sus boletines, encontrándonos felizmente en conferencias y viendo sus videos perspicaces. Es una fuente de información sobre todo lo relacionado con la educación, por lo que estoy encantada de que haya publicado Pedagogía Potenciada por IA.

Me muevo entre tres mundos educativos diferentes en mi trabajo actual: profesora de aula, líder escolar y consultora. En estas tres áreas, mi trabajo se ha vuelto infinitamente más complejo debido al ritmo al que está avanzando la IA. Puede sentirse como una montaña rusa de temor existencial y emoción creativa una y otra vez, incluso dentro de la misma tarde.

Como profesora de inglés de secundaria, mi equipo y yo constantemente tratamos de mantenernos por delante de la curva para poder ofrecer a nuestros estudiantes las mejores oportunidades de crecimiento mientras aseguramos la integridad académica, una hazaña no menor con las innovaciones vertiginosas de la IA en este momento. Como Directora de Enseñanza y Aprendizaje en mi escuela independiente pre-K-12 en el área de Houston, TX, he tenido que pivotar para enfocar gran parte de mi tiempo en las implicaciones pedagógicas, técnicas y legales de la IA para ayudar a redactar pautas perennes de IA para nuestra comunidad escolar, algo que puede llevar mucho tiempo y energía para hacerlo bien. Y como consultora, he recibido llamadas de escuelas de todo Estados Unidos que buscan orientación y talleres para profesores sobre cómo lidiar con la IA y la evaluación en el aula; sorprendentemente, hay pocas respuestas o expertos a los que recurrir, y aún menos libros sobre el tema en este momento.

El libro de Jennie no podría llegar en mejor momento para mí; no pinta un escenario apocalíptico en el que tengamos que volver a un entorno libre de tecnología para asegurar que el aprendizaje esté ocurriendo, ni es excesivamente optimista en su enfoque para lidiar con los desafíos muy reales de la IA en las escuelas. En palabras de Jennie, se trata de "facilitar la innovación, empoderar a los profesores y mejorar la humanidad" en un momento de gran emoción e incertidumbre.

Pedagogía Potenciada por IA es el libro que quieres para ayudarte a dar sentido a cómo la IA impactará tu trabajo y la vida de los estudiantes. Me da gran consuelo saber que Jennie está liderando el camino, iluminándolo para nosotros, porque siempre ha estado llena de pasos prácticos y profunda sabiduría.

Sé que estaré consultando este libro frecuentemente en los próximos meses (¡y años!) para todos mis roles, y sé que seré mejor profesora, líder escolar y consultora como resultado.

Alexis Wiggins

Autora de "La Mejor Clase Que Nunca Diste: Cómo la Conversación en Telaraña Puede Convertir a los Estudiantes en Líderes del Aprendizaje" y Directora de Cohort of Education for Essential Learning

PREFACIO

Bienvenido a Pedagogía Potenciada por IA, una guía completa diseñada para empoderarte —el educador— con el conocimiento, herramientas, y confianza para integrar la inteligencia artificial (IA) en tus prácticas de enseñanza efectivamente. El enfoque principal de este libro es proporcionarte estrategias prácticas y herramientas para navegar el emocionante, siempre cambiante panorama de la IA.

¿Por Qué Escribí Este Libro?

Mientras el concepto de inteligencia artificial ha existido durante décadas, su aplicación en educación sólo comenzó a capturar la atención general en los últimos dos años con el lanzamiento inicial del ChatGPT de OpenAI en noviembre de 2022.

La integración de IA en varios sectores no solo ha revolucionado las prácticas empresariales sino también ha mostrado un inmenso potencial para mejorar las metodologías educativas. Varias estadísticas convincentes de algunas fuentes subrayan la creciente omnipresencia de la IA:

- 75% de los trabajadores del conocimiento usan IA en el trabajo hoy (Microsoft, 2024).
- 90% de los trabajadores reportan que la IA les ayuda a ahorrar tiempo, 85% reportan que pueden enfocarse en su

trabajo más importante, 84% reportan que pueden ser más creativos, y 83% disfrutan más su trabajo (Microsoft, 2024).

- 66% de los líderes de la industria reportan que no emplearían a alguien sin habilidades en IA (Microsoft, 2024).
- 71% de los líderes de la industria dicen que preferirían emplear a un candidato menos experimentado con habilidades en IA que a un candidato más experimentado sin ellas (Microsoft, 2024).
- 73% de las empresas estadounidenses incorporan la IA en algunos aspectos de sus operaciones (PwC, 2023).
- 54% de las empresas habían adoptado la IA generativa en sus operaciones para noviembre de 2023—solo un año después del lanzamiento de ChatGPT (PwC, 2023).
- Dos tercios de los trabajos podrían ver automatización parcial a través de la IA. Sin embargo, muchos de estos trabajos serán aumentados por la IA, no reemplazados (Goldman Sachs, 2023).
- Después de su lanzamiento en noviembre de 2022, ChatGPT acumuló rápidamente más de un millón de usuarios en solo cinco días y alcanzó 100 millones de usuarios en menos de dos meses, convirtiéndose en la aplicación de consumo de más rápido crecimiento en ese momento—un récord posteriormente superado por la aplicación Threads de Facebook (Statista, 2023).
- Se proyecta que las empresas que implementan tecnologías de IA verán un aumento promedio de ingresos de entre 6% y 10% (Statista, 2023).
- 46% de las empresas estadounidenses reportan ahorros que van desde $25,000 hasta $70,000 a través de su uso de ChatGPT (Statista, 2023).

- Las tecnologías actuales de IA pueden automatizar tareas que actualmente ocupan del 60% al 70% del tiempo de un trabajador (McKinsey, 2023).
- Se espera que los roles de gestión de datos se vean significativamente afectados por la IA, con aproximadamente el 90% de procesamiento de datos y el 80% de recolección de datos proyectados a ser automatizados a través del uso de IA generativa (Statista, 2023).

Estas estadísticas no sólo ilustran la rápida adopción e impacto económico de la IA a través de las industrias, sino que también proporcionan una fuerte justificación para explorar su potencial en la educación. En este libro, exploro cómo estas tecnologías transformadoras pueden ser aprovechadas para enriquecer los métodos de enseñanza, mejorar las experiencias de aprendizaje y preparar tanto a educadores como a estudiantes para un futuro donde la IA sea ubicua. A medida que la IA se integra más profundamente en nuestro panorama educativo y vidas, debemos priorizar el desarrollo de una pedagogía robusta y un marco para la integridad académica ética.

La razón para escribir un libro sobre pedagogía potenciada por IA surge de la necesidad de cerrar la brecha entre el potencial de la IA en la educación y su implementación práctica y efectiva en las aulas. Mientras que la emoción alrededor de las capacidades de la IA es palpable, muchos educadores carecen de una guía clara sobre cómo integrar estas herramientas en sus prácticas de enseñanza de manera significativa.

Me planteé las siguientes preguntas generales para guiar el desarrollo de los conceptos en este libro:

- ¿Cómo los marcos institucionales apoyan la innovación y la integridad en la IA?
- ¿Cómo podemos mejorar la capacidad de acción del profesor mediante la integración efectiva de la IA, ahorrando tiempo y optimizando el flujo de trabajo?
- ¿Cómo puede la pedagogía potenciada por IA desarrollar al estudiante ético y humanístico?

Este libro pretende dar a los educadores un marco y estrategias accionables para aprovechar la IA para mejorar las experiencias de aprendizaje, yendo más allá del mero uso de la IA para la personalización del aprendizaje, que creo que es solo la transmisión individual glorificada del conocimiento. Mientras que la IA se utiliza a menudo para personalizar el aprendizaje, creo que es esencial enfocarse en cómo la IA puede ayudar a desarrollar cualidades humanas esenciales como la creatividad, la curiosidad y el asombro mientras se fomenta un sentido de comunidad entre los estudiantes.

¿Cómo Escribí Este Libro?

Cuando escribía este libro sobre pedagogía potenciada por IA, encontré grandes compañeros de pensamiento en los bots a los que me suscribo en Poe.com. Estos incluían GPT-4, Gemini 1.5 Pro, Claude-3-Opus, GPT-4-128k, y GPT-4o, por nombrar algunos. Esta colaboración no fue solo sobre aprovechar una herramienta de IA; fue sobre participar en un intercambio dinámico de ideas, donde un bot determinado servía tanto como caja de resonancia como fuente de inspiración. Comencé usando el proceso de pensamiento de diseño para dirigir la creación de este libro, guiándome a través de un proceso que comienza con una profunda empatía por nuestros lectores—educadores como tú. Mi viaje comenzó con la etapa de Empatizar, donde busqué comprender genuinamente los desafíos, aspiraciones, y matices de incorporar la IA en entornos educativos."

A lo largo del proceso de escritura, interactué con diferentes bots como si fueran coautores, planteando preguntas, desafiando sus resultados y refinando sus sugerencias. Este diálogo iterativo ayudó a profundizar en el contenido, proporcionando perspectivas y conocimientos diversos que solo un modelo de aprendizaje automático, entrenado en una vasta base de datos de texto, podría ofrecer. Los bots también sirvieron como mi primer editor, refinando mis expresiones y aclarando mi mensaje y comunicación, y pude comparar las respuestas de diferentes bots a través de la plataforma Poe.com con facilidad.

El uso de la IA en la escritura del libro ejemplificó los principios mismos de la pedagogía potenciada por la IA de los que este libro habla. Muestra cómo la IA puede apoyar los esfuerzos creativos, haciendo que mis ideas sean más claras y comprensibles. Al utilizar diversas herramientas de IA, exploré y sinteticé documentos largos sobre tendencias educativas futuras con mayor confianza (por ejemplo, herramientas de IA como ChatPDF o Asistente de IA en Adobe Acrobat). La capacidad de la IA para generar texto basado en instrucciones específicas me permitió realizar mi investigación inicial de manera efectiva y eficiente. Esta asociación subrayó el potencial de la IA como una herramienta transformadora para la escritura, la edición y la creación de contenido, enriqueciendo en última instancia la calidad y la precisión de mi resultado final.

La aportación humana es un principio fundamental en cualquier integración de IA, y me encantó tener a Stacey, mi correctora de pruebas de confianza y con mucha experiencia, dar su valioso toque humano a la corrección de pruebas y edición de este libro.

Mi Viaje A Través Del Pensamiento De Diseño

Este libro es la culminación de extensa investigación (usando herramientas de IA para resumir, tales como IA Asistente en Adobe Acrobat), extensas entrevistas (educadores que conozco), y detalladas encuestas en línea, todo enmarcado alrededor del proceso de pensamiento de diseño para asegurar que el contenido no sea solo informativo sino que esté también profundamente alineado con las necesidades y deseos de los educadores de hoy.

Yo me considero increíblemente afortunada de haber conocido a Marcus Lui en nuestros días de universidad. No solo es él un querido amigo, sino que también es un experto de la industria en cuanto al pensamiento de diseño se refiere. Las horas que pasamos juntos intercambiando ideas y pensamientos entre nosotros me abrieron los ojos al arte de entender y resolver problemas creativamente. Marcus sobresale en profundizar en las mentes de los usuarios y sintetizar ideas partiendo de datos cualitativos. Su pasión por el pensamiento de diseño me ayudó a ver el mundo a través del lente de un diseñador.

Diseñando con la Agencia del Alumno en Mente:
El Marco del Pensamiento de Diseño

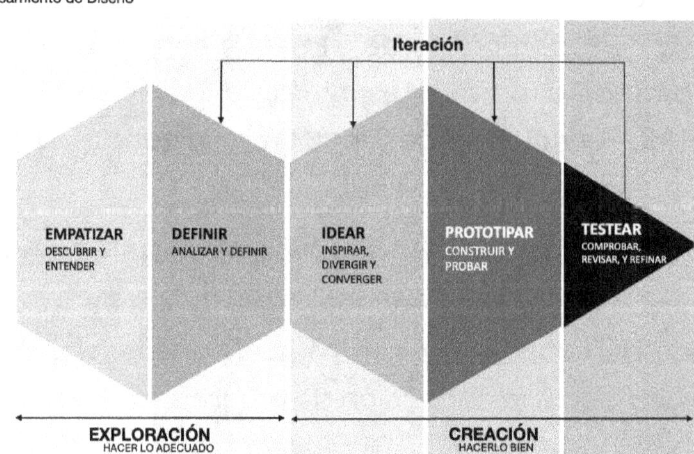

Adaptado de Hasso-Plattner School of Design (d. school), Universidad de Stanford Marcus Liu y Jennifer Chang Wathall

Empatizando con Educadores

El pensamiento de diseño dirigió la creación de este libro, guiándome a través de un proceso iterativo que comenzó con una profunda empatía por mis lectores—educadores como tú. Mi trayecto comenzó con la etapa de Empatizar, donde busqué genuinamente entender los desafíos, aspiraciones, y matices de incorporar IA en entornos educativos.

Para reunir auténticas percepciones y diversas perspectivas, yo entrevisté una amplia gama de educadores, desde maestros de escuela primaria hasta profesores universitarios, cada uno trayendo únicas experiencias y expectativas con respecto a la IA en la educación. Estas conversaciones nos permitieron explorar las realidades prácticas, esperanzas, y preocupaciones que los educadores enfrentan diariamente.

Este enfoque empático proporcionó una base de percepciones del mundo real que formaron las subsiguientes etapas de Definir, Idear, Prototipar, y Testear, que culminaron en el nacimiento de este libro.

Usando herramientas de IA para IDEAR

Una de las formas en que comúnmente uso la IA en mi aula es para apoyar a los estudiantes con la ideación y la comunicación, particularmente para aquellos que están aprendiendo inglés o necesitan apoyo adicional. He desarrollado un bot de IA en Poe, https://poe.com/PanfordsAssistant diseñado para guiarlos suavemente a través de las etapas de ideación de sus proyectos. Desde que comencé a discutir explícitamente con mis estudiantes cómo usar la IA de manera ética—para refinar y mejorar su creatividad en lugar de reemplazarla—la han adoptado de todo corazón, lo que ha llevado a significativamente menos casos de plagio.

Una estudiante, en particular, compartió lo transformador que fue este bot para ella, especialmente en el desarrollo de sus ideas para la exposición de Teoría del Conocimiento (TdC). Me dijo: "Realmente me ayuda a dar vida a mis pensamientos", un comentario que verdaderamente me llegó al corazón. Esto no solo ha aumentado su confianza, sino que también la ha tranquilizado al saber que era comprendida y apoyada. Ser testigo de cómo mis estudiantes superan barreras y se expresan más libre y articuladamente ha sido profundamente gratificante, fomentando un ambiente de aprendizaje más solidario e inclusivo en nuestra aula.

David Panford-Quainoo | Profesor de Física del DP, Matemáticas y TdC

¿Cómo Está Estructurado Este Libro?

En el reino de la pedagogía potenciada por IA, tres actores críticos juegan roles fundamentales en formar el paisaje educativo: la institución, el educador, y el alumno. El libro está estructurado en tres partes como tal:

1. "Marco Institucional: Habilitando la Innovación"
2. "Participación del Educador: Empoderando a los Maestros"
3. "Uso de IA Centrado en el Alumno: Mejorando la Humanidad"

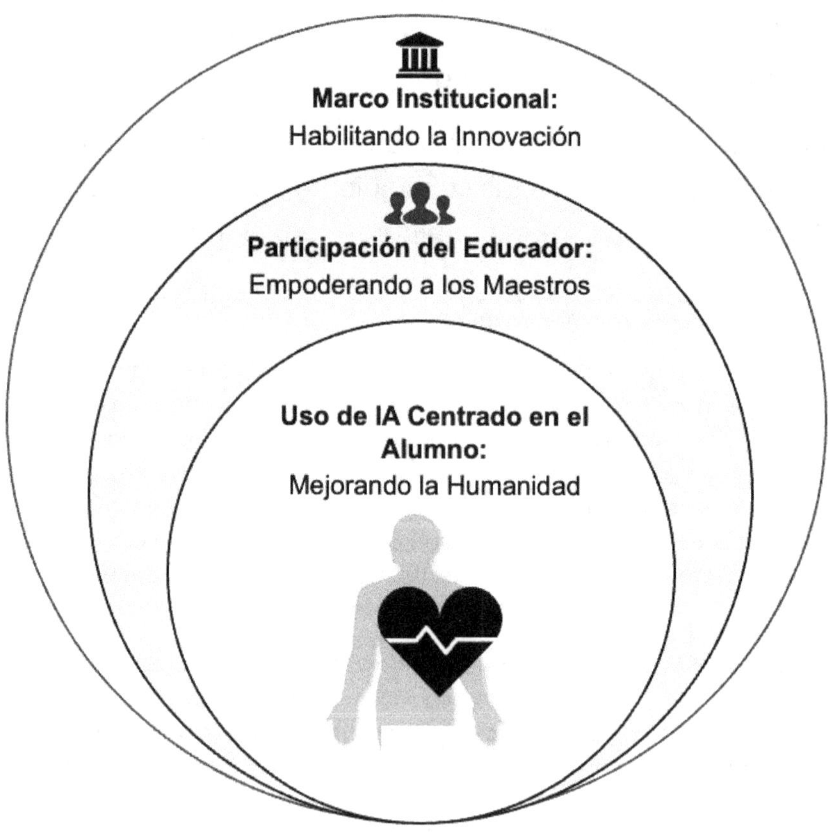

La Parte 1 prepara el escenario proporcionando los recursos necesarios y las políticas para permitir la integración exitosa de las tecnologías de IA desde una perspectiva institucional. La Parte 2 se centra en los educadores, como los facilitadores principales del aprendizaje, quienes deben ser empoderados con el conocimiento, habilidades y herramientas para aprovechar de manera efectiva el potencial de la IA en sus prácticas de enseñanza. Finalmente, la Parte 3 habla de los alumnos, que están en el centro de este enfoque transformador, ya que la pedagogía potenciada por IA busca mejorar sus experiencias de aprendizaje y equiparlos con las competencias necesarias para el éxito en un mundo cada vez más digital. Esta sección se centra en desarrollar al estudiante ético, ayudándoles a integrar y usar la IA responsablemente, y explorando cómo la IA puede mejorar las cualidades humanas como la empatía.

Al explorar las perspectivas y roles de estos tres actores, este libro proporciona una comprensión integral de cómo la IA puede ser aprovechada para revolucionar la educación en todos los niveles.

Dentro de las páginas de este libro, encontrarás estos recursos adicionales:

1. Preguntas Guía
   - Cada capítulo comienza con una pregunta guía que establece el escenario para las discusiones y exploraciones que siguen.

2. Consejos Prácticos
   - A lo largo de los capítulos, los consejos prácticos están resaltados por un ícono de bombilla, ofreciendo consejos y perspectivas prácticas.

3. Recursos Imprimibles
   - Dentro de algunos capítulos, encontrarás recursos que pueden ser impresos para uso no comercial. Estos están

diseñados para ser utilizados directamente con tus estudiantes o dentro de su comunidad escolar para reforzar el aprendizaje y la aplicación de conceptos.

4. Preguntas de Discusión
   - Al final de cada capítulo, se proporciona un conjunto de preguntas de discusión. Estas son ideales para usar en grupos de estudio del libro o como indicaciones reflexivas para profundizar la comprensión del material.
5. Oportunidades de Artefactos
   - Estas son sugerencias prácticas para crear artefactos que ayudan a aplicar su aprendizaje.

¿Para quién es este libro?

Pedagogía Potenciada por IA está diseñado para una audiencia diversa dentro del sector educativo. Estos son algunos grupos clave que pueden encontrar este libro útil:

- Educadores de K-12: Para maestros en escuelas primarias y secundarias que buscan mejorar su aula con herramientas potenciadas por IA, este libro ofrece estrategias prácticas para la integración, asegurando que la adopción de tecnología se alinee con los estándares educativos y mejore los resultados del aprendizaje.
- Profesores de Estudios Superiores: Los profesores de universidad verán aquí aplicaciones avanzadas de IA que pueden ayudar tanto en su investigación como en la evaluación a nivel terciario.
- Administradores Educativos: Los líderes escolares y administradores descubrirán información sobre la implementación de IA a nivel sistémico, asegurando que la infraestructura, la política y la capacitación respalden la adopción efectiva.

- Diseñadores Educativos y Tecnólogos: Los profesionales centrados en el desarrollo de currículos y tecnología educativa se beneficiarán de casos detallados con usos innovadores de IA tanto en el diseño de cursos como en la participación de los estudiantes.
- Maestros en Prácticas y Educadores en Formación: Los educadores emergentes pueden usar este libro para mantenerse por delante en este panorama educativo en rápida evolución y estar preparados para usar herramientas de IA de manera efectiva en sus futuras aulas.

Mientras investigamos los detalles de las aplicaciones de IA, consideraciones éticas, estudios de casos prácticos y tendencias futuras, te invito a unirte a mí en la exploración de la emocionante intersección entre IA y pedagogía, equipado con las herramientas para hacer un impacto significativo en tu entorno educativo.

AGRADECIMIENTOS

En mi camino tanto personal como profesional aprendizaje y crecimiento, he descubierto un valioso secreto: rodéate de personas brillantes.

Me gustaría expresar mi gratitud a mi brillante esposo, Ken Wathall, quien no es solo mi compañero de vida sino también camina junto a mí en este viaje de vida a través de todos los altibajos. Tú eres mi roca y mi mayor apoyo, siempre ahí para levantarme y animarme. Tu inquebrantable amor y dedicación me inspiran cada día, y soy increíblemente afortunada de tenerte a mi lado. Gracias por ser mi constante fuente de fuerza, alegría y amor incondicional.

Gracias, brillante Marcus Lui, por tu amistad, por ayudarme a crecer y aprender intelectualmente, y por ayudarme a superar nuestros días universitarios en los años 80. Estoy eternamente agradecida por tu inquebrantable apoyo y sabiduría y los innumerables recuerdos que hemos creado.

SOBRE LA AUTORA

La Dra. Jennifer Chang-Wathall es una consultora educativa independiente, autora e instructora a tiempo parcial en la Universidad de Hong Kong. Con una rica trayectoria que abarca más de 30 años en educación internacional, ha trabajado en varias escuelas internacionales, como South Island School y Island School en Hong Kong, y The United Nations International School en Nueva York.

En el ámbito internacional, ha presentado numerosas conferencias magistrales y talleres sobre matemáticas basadas en conceptos, currículo e instrucción basados en conceptos, y tecnología educativa a educadores de Pre-K-12. Basándose en su maestría y doctorado en tecnología educativa, regularmente facilita aprendizaje profesional sobre el uso innovador de herramientas de instrucción digital y, más recientemente, Pedagogía Potenciada por IA. Ha creado numerosos cursos en línea y se mantiene a la vanguardia en la incorporación de tecnología educativa, utilizando prácticas pedagógicas efectivas para mejorar los resultados del aprendizaje.

Jennifer es una formadora certificada en la herramienta de evaluación de comportamiento DiSC y una consultora independiente certificada en Concept-Based Curriculum and Instruction for the Thinking Classroom por la Dra. H. Lynn Erickson. Su trabajo de consultoría está dedicado a colaborar con departamentos e instituciones educativas que cambian su enfoque hacia la comprensión conceptual profunda y el aprendizaje basado en la investigación. Además, ella utiliza su certificación como entrenadora de rendimiento para apoyar las transiciones educativas y el cambio. También co-escribió varios libros de referencia para estudiantes de Matemáticas del Diploma IB publicados por Oxford University Press. Su libro de mayor éxito, "Matemáticas Basadas en Conceptos: Enseñanza para la Comprensión Profunda en Escuelas Secundarias", ha influido significativamente en la educación matemática secundaria.

TRADUCTOR Y EDUCADOR

Juan Carlos Cairos es un educador internacional experimentado, ponente y consultor especializado en storytelling y aprendizaje basado en la indagación. Le apasiona desarrollar culturas de curiosidad en las cuales la agencia del estudiante impulsa el aprendizaje. Al permanecer en el aula de indagación, Juan Carlos está en una posición única para dar vida a sus talleres usando ejemplos auténticos y estrategias desde el contexto de una escuela IB líder en Asia, International School of Phnom Penh.

Juan Carlos ha trabajado en escuelas internacionales en Hong Kong, la República Checa, Vietnam y Camboya. Como líder de talleres multilingüe, él apoya una amplia gama de escuelas, universidades y gobiernos, lo que impulsa su toma de perspectiva y agilidad para satisfacer diferentes necesidades. Juan Carlos también es un Cognitive Coach certificado y cree en empoderar a los maestros para entrar en la zona de 'esfuerzo productivo' y probar cosas nuevas en el aula.

Una mención especial a Montserrat Fernández, la madre de Juan Carlos, quien es educadora en las Islas Canarias y fue esencial en hacer esta traducción relevante para contextos hispanohablantes.

NOTA DE LA AUTORA

Desde una edad temprana, siempre he estado impulsada por la curiosidad de aprender y crecer, una característica que fue fomentada por mi difunto padre, David Kuo Cheng Chang. Hay algo verdaderamente emocionante sobre liderar y tomar nuevas herramientas innovadoras que pueden transformar la forma en que enseñamos y aprendemos. Mi pasión por estas innovaciones no se trata solo de la novedad de las herramientas digitales (aunque me encanta cada bola brillante que se me cruza); está profundamente arraigada en mi compromiso de enriquecer las trayectorias de aprendizaje de los estudiantes. Se trata de asegurarnos de que estamos aprovechando todos los recursos posibles para crear mejores experiencias para los alumnos en todos los contextos.

Soy lo que se llama una adoptadora temprana; siempre me han fascinado las nuevas tecnologías, desde la calculadora de pantalla gráfica (GDC) a fines de la década de 1990 hasta las pizarras interactivas a principios de la década de 2000, y participé en el lanzamiento del primer programa 1:1 en Hong Kong a mediados de la década de 2000. Siempre he amado explorar nuevas herramientas digitales innovadoras con el objetivo final de mejorar el aprendizaje de los estudiantes. Esto me llevó a perseguir mi Máster y Doctorado en tecnología educativa, investigando marcos de aprendizaje profesional para el entorno en línea. Me especialicé en matemáticas puras y aplicadas para mi título de pregrado, así que también he tenido una pasión de toda la vida por la enseñanza y el aprendizaje de las matemáticas.

Fue un privilegio inmenso servir como profesora durante 27 años, un rol que me dio experiencias ricas y valiosas. Desde 2007, he tenido el honor de colaborar con educadores de todo el mundo, centrándome en el aprendizaje y crecimiento profesional.

Estas colaboraciones no solo han ampliado mi perspectiva sino que también han profundizado mi compromiso para cultivar curiosidad, promover aprendizaje permanente, y nutrir un amor por el aprendizaje con adultos, adolescentes, y niños.

*Le dedico este libro con amor, a la memoria de mi padre,
David Kuo-Cheng Chang (1929-2014), quien me
inspiró a aprender eternamente.*

*y a mi madre,
Chih-Mei Chang, quien me maravilla cada día por
su energía, positividad, y joie de vivre.*

PARTE 1

MARCOS INSTITUCIONALES: PERMITIENDO LA INNOVACIÓN

¿CÓMO APOYAN LOS MARCOS INSTITUCIONALES A LA INNOVACIÓN Y LA INTEGRIDAD?

Imagen generada por DALLE 3, 2024

CAPÍTULO 1
INTRODUCCIÓN

Está claro que nos encontramos en un punto de inflexión
en la historia de la humanidad.
—Mustafa Suleyman, emprendedor en inteligencia artificial (IA)

¿A qué viene todo este revuelo sobre la IA?

Es increíble pensar en qué medida la inteligencia artificial (IA) ya se ha convertido en parte de nuestra vida cotidiana. Apenas estamos empezando a darnos cuenta de que interactuamos con la IA mucho más frecuentemente de lo que pensábamos, como cuando las redes sociales utilizan tecnología de reconocimiento facial para sugerir automáticamente etiquetar a alguien que conocemos en las fotos que publicamos. Otros ejemplos son cuando nuestros correos electrónicos filtran el spam y priorizan los mensajes importantes, asegurando que veamos lo que más nos importa, o cuando nuestros servicios de streaming recomiendan la película perfecta para el viernes por la noche. La IA ha estado trabajando durante años entre bastidores, utilizando datos de nuestras interacciones pasadas para hacer estas sugerencias a medida.

De hecho, la IA ha entrado completamente en todos los aspectos de nuestras vidas. Piensa en los vehículos autónomos que navegan por nuestras carreteras con una capacidad de funcionamiento cada vez mayor, o los artistas que usan generadores de imágenes de IA para explorar nuevos horizontes creativos y desarrollar formas únicas de arte. De manera similar, los agricultores en áreas rurales aprovechan la IA para optimizar cada aspecto de la actividad agrícola, desde la siembra hasta la cosecha. Esta tecnología asegura que los cultivos se hagan de manera más eficiente y sostenible.

En el mundo de la medicina, que avanza rápidamente, los robots impulsados por IA están transformando las prácticas médicas de maneras previamente inimaginables. Los asistentes robóticos se están utilizando cada vez más en cirugía, mejorando la precisión y los resultados de los pacientes significativamente. Mi hermano,

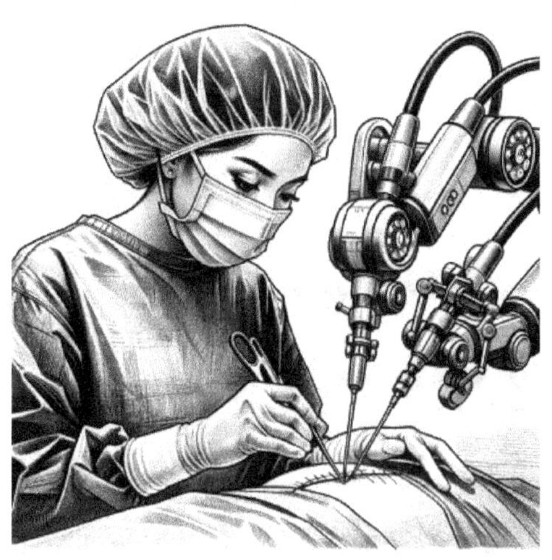

Imagen generada por DALL·E 3, 2024

el Dr. Tim Chang, experto en cirugía robótica, está particularmente ilusionado con el papel de la IA en las cirugías asistidas por robots. Destacó cómo los sistemas habilitados por IA están revolucionando la atención médica al permitir una mayor precisión y procedimientos menos invasivos, lo que resulta en tiempos de recuperación significativamente más cortos para los pacientes. En resumen, estos sistemas habilitados por IA mejoran el análisis de imágenes y los movimientos de las manos para garantizar que no haya temblores, haciendo la cirugía más eficiente y exacta, reduciendo el trauma en los tejidos. En el futuro, la IA puede mejorar la planificación quirúrgica superponiendo escaneos radiológicos durante la cirugía, haciendo ajustes en tiempo real basados en la anatomía del paciente. La IA también puede identificar estructuras críticas para optimizar técnicas, lo que conduce a tratamientos más precisos y recuperaciones más rápidas.

Las contribuciones de la IA también se extienden al área del bienestar público, donde se están empleando algoritmos para mejorar las estrategias de respuesta a desastres, proporcionando datos claves que ayudan a mitigar el impacto de los desastres naturales. El papel de la IA se extiende más allá de meramente simplificar tareas; las mejora, aumentando la eficiencia y haciendo que las capacidades avanzadas sean más accesibles en distintos campos e industrias.

La IA en la Educación

"Como profesor, creo que la IA es una ayuda que no tiene precio a la hora de gestionar tareas administrativas que son esenciales pero consumen mucho tiempo. Esto incluye modificar evaluaciones para estudiantes que necesitan apoyo adicional, crear notas detalladas sobre problemas específicos de física y desarrollar preguntas similares y de extensión relacionadas con el contenido. Al usar IA para estas tareas, puedo dedicar más tiempo a las interacciones directas con mis estudiantes, profundizando mi comprensión de sus necesidades y mejorando la orientación que les proporciono en su camino de aprendizaje.

La eficiencia proporcionada por la IA no solo aumenta mi capacidad para satisfacer diversas necesidades del alumnado, sino que también enriquece la experiencia educativa para mis estudiantes en general, a la vez que mejora mi equilibrio entre trabajo y vida personal. La integración de la IA ha mejorado significativamente mi efectividad y productividad como profesor: es casi como tener un asistente personal excepcionalmente capaz, siempre y cuando dé instrucciones claras sobre lo que se busca lograr."

David Panford-Quainoo | Profesor de física, matemáticas y TdC en el Programa del Diploma (PD)

Creo que todos podemos estar de acuerdo en que la IA también está transformando rápidamente el ámbito de la educación. Como alguien profundamente apasionada por la enseñanza y el aprendizaje, me encuentro continuamente ilusionada por los cambios revolucionarios que la IA nos ofrece, no solo a nuestro equilibrio entre trabajo y vida personal, sino también a nuestras prácticas educativas.

El impacto de la IA se extiende más allá de las herramientas tecnológicas en sí; está mejorando fundamentalmente la forma en que trabajamos y enseñamos. Al automatizar tareas rutinarias, la IA capacita a los educadores a centrarse más en la productividad y la creatividad. Esto permite la elaboración de clases que además de ser académicamente rigurosas también son altamente atractivas y motivadoras. Mi esperanza es que esto lleve a un cambio hacia interacciones más dinámicas en el aula, donde el énfasis esté en desarrollar una comprensión conceptual profunda y mejorar las habilidades de pensamiento crítico por medio de un entorno de Aprendizaje por Indagación.

Imagínate una clase de historia donde los alumnos pueden tener una conversación con el Dr. Martin Luther King o Cleopatra a través de modelos de lenguaje grande (LLM). La IA está mejorando el aprendizaje interactivo al permitir que los estudiantes hablen directamente con figuras históricas a través de una interfaz simple. Estas herramientas de IA utilizan enormes bases

Imagen generada por DALL·E 3, 2024

de datos de textos históricos, discursos y comportamientos documentados para responder a las preguntas de los estudiantes, proporcionando una perspectiva en primera persona sobre eventos históricos y decisiones. Esta forma de aprendizaje interactivo no solo hace que la historia sea tangible y llamativa, sino que también permite a los estudiantes desarrollar una comprensión más profunda al poder hacer preguntas y recibir respuestas informadas por datos históricos. Este tipo de experiencias inmersivas pueden transformar el aprendizaje tradicional, haciéndolo más atractivo e informativo al permitir a los estudiantes explorar la historia interactuando con figuras históricas.

En la enseñanza de las ciencias, la IA puede mejorar significativamente los proyectos de investigación colaborativa al permitir que los estudiantes trabajen juntos en el análisis de conjuntos de datos a gran escala, como las tendencias del cambio climático. Aprovechando las capacidades de los LLM, las herramientas de IA pueden procesar de manera rápida y eficiente grandes cantidades de datos cualitativos, identificando patrones a través de la codificación temática. Esta aplicación de la IA no solo facilita una comprensión más profunda de los conceptos científicos, sino que también cultiva habilidades esenciales en alfabetización de datos y trabajo en equipo. Al integrar herramientas de IA, los educadores pueden proporcionar a los estudiantes una valiosa experiencia en el manejo de "big data", lo cual es crucial para muchos campos científicos. Este enfoque colaborativo no solo enriquece la experiencia de aprendizaje, sino que también prepara a los estudiantes para futuros desafíos en un mundo dominado por los datos.

En ciencias sociales, las herramientas de IA pueden revolucionar la forma en que se estructuran y gestionan los debates sobre eventos actuales. Al emplear IA, los educadores pueden mejorar la experiencia de aprendizaje proporcionando a los alumnos recursos, ayudando a estructurar argumentos e incluso evaluando debates basados en varios criterios como claridad, uso de evidencia y persuasión. Esta aplicación de la IA agiliza la organización de debates. Permite a los estudiantes centrarse más en desarrollar sus habilidades de pensamiento crítico y formación de argumentos, fomentando una comprensión más profunda de los temas abordados y promoviendo un entorno de aprendizaje más interesante y productivo.

En matemáticas, la IA puede utilizarse para mejorar las experiencias de aprendizaje colaborativo facilitando desafíos complejos de resolución de problemas. Por ejemplo, la IA puede generar escenarios reales que requieren soluciones matemáticas abiertas, como por ejemplo optimizar la logística en una cadena de suministro, diseñar planes de construcción rentables o incluso gestionar presupuestos para grandes proyectos. Estos escenarios pueden configurarse como actividades grupales colaborativas, donde los estudiantes deben aplicar varios conceptos matemáticos como cálculo, estadística, álgebra o geometría para resolver problemas prácticos. Este enfoque ayuda a los estudiantes a comprender la aplicabilidad de las matemáticas a situaciones auténticas de la vida cotidiana y también fomenta el trabajo en equipo, ya que deben trabajar juntos para encontrar soluciones.

Otra aplicación interesante de la IA en el ámbito educativo es la posibilidad de abrir las puertas a enfoques educativos interdisciplinarios más dinámicos, especialmente mejorando nuestras capacidades para incorporar el Aprendizaje Basado en Proyectos (ABP). La IA puede asistir a los educadores en el diseño de proyectos complejos y de múltiples capas que integren varias disciplinas, proporcionando a los estudiantes un enfoque holístico del aprendizaje. Por ejemplo, la IA puede ayudar a generar proyectos diseñados para aprender por conceptos e indagación que aborden uno de los diecisiete Objetivos de Desarrollo

Sostenible (ODS) de la ONU. Esto requiere a su vez que los estudiantes apliquen habilidades provenientes de distintas disciplinas (combinando ciencia, tecnología, arte y matemáticas, por ejemplo) para resolver desafíos del mundo real. Al final, este proceso contribuye a que el aprendizaje sea más agradable y enfatiza la interconexión del conocimiento y las habilidades dentro de contextos auténticos.

El poder transformador de la IA en la educación es innegable. Al integrar la IA en varios aspectos de la educación, estamos siendo testigos de un cambio de paradigma no sólo en cómo se enseñan las materias, sino también en la manera en que los alumnos desarrollan habilidades de comunicación y sintetizan e interactúan con la información. Desde permitir conversaciones con figuras históricas hasta facilitar proyectos colaborativos a gran escala que abordan problemas del mundo real, la IA está redefiniendo los límites de la educación tradicional. Estas innovaciones no tienen que ver sólo con la automatización de tareas, sino que están mejorando la base de la educación al hacer el aprendizaje más interactivo, interdisciplinario e interesante. A medida que la IA continúa evolucionando, está destinada a darles más poder a los educadores y estudiantes al proporcionar herramientas que puedan satisfacer las diversas necesidades del alumnado, despertando una pasión aún mayor por aprender, y permitiendo que cada estudiante florezca y prospere.

Esta revolución educativa en curso a través de la IA no sólo prepara a los estudiantes para desafíos futuros, sino que también los inspira a innovar y pensar críticamente, asegurando que estén listos para prosperar en un mundo que cambia rápida y constantemente. Ser parte de este campo dinámico en un momento tan transformador es muy emocionante. Espero ver cómo los avances continuos en IA refinan aún más nuestras estrategias pedagógicas y enriquecen los caminos educativos de nuestros estudiantes. Este cambio en la educación no se trata sólo de adoptar nuevas herramientas; sino de redefinir fundamentalmente la esencia de cómo enseñamos y aprendemos.

Pedagogía antes que Tecnología

Si bien las herramientas de IA y otras tecnologías educativas ofrecen un potencial significativo para mejorar tanto nuestras vidas como las experiencias de aprendizaje de los estudiantes, es crucial recordar que estas herramientas son objetos inanimados, que carecen de intención o dirección moral. Su impacto está determinado por cómo nosotros, como humanos, elegimos utilizarlas.

Imagen generada por DALL·E 3, 2024

Por ejemplo, imagínate a un constructor con un martillo: si el constructor viene a tu casa para arreglar tu techo y sin darse cuenta, hace un agujero enorme en el techo, no culpamos al martillo, sino a la persona que hizo el agujero. De manera similar, la responsabilidad recae sobre nosotros al utilizar herramientas digitales de IA ética y responsablemente, asegurando que sirvan para el bien de la sociedad y enriquezcan nuestros sistemas educativos. A medida que integramos estas tecnologías avanzadas en nuestros entornos de aprendizaje, debemos ser administradores conscientes, guiando su puesta en práctica para fomentar resultados positivos y prevenir el mal uso.

Quiero enfatizar que la esencia de integrar exitosamente la IA en la educación está en emplearla para despertar la curiosidad mientras se mantienen los principios pedagógicos efectivos descritos en este libro. Al centrarse en el uso pedagógico de la IA, los educadores pueden diseñar experiencias de aprendizaje centradas en el estudiante que promuevan la exploración y las preguntas, en lugar de la mera transmisión de información. Este enfoque da poder a educadores y estudiantes para estar a cargo de su camino de aprendizaje, utilizando la IA como un compañero dinámico que facilita la creatividad y la comprensión más profunda.

Menos es Más

Cuando se trata de explorar nuevas herramientas de IA como educadores, es importante mantener las cosas simples. Hay un montón de nuevas herramientas apareciendo cada día, y es fácil sentirse inundados. En lugar de intentar mantenerse actualizado con cada nuevo lanzamiento, es mejor centrarse en solo unas pocas herramientas y conocerlas a fondo. De este modo, evitamos sentirnos agobiados y nos aseguramos de utilizar las herramientas de manera efectiva en clase para mejorar aprendizaje, en vez de perseguir cada nuevo objeto brillante (lo admito… ¡me pasa a menudo!).

Y recuerda:

A medida que las instituciones educativas adoptan cada vez más la IA para mejorar la enseñanza y el aprendizaje, es crucial establecer marcos fiables que permitan la innovación mientras se asegura una implementación responsable y efectiva. En los capítulos siguientes se profundizará en este tema, desentrañando las complejidades de integrar la IA dentro de entornos educativos y proporcionando tanto una orientación clara como pasos factibles para navegar eficazmente este camino transformador.

Antes de comenzar nuestro viaje juntos, permíteme mencionar que he elegido a propósito no centrarme en ninguna herramienta de IA en particular; en cambio, el énfasis lo pongo en los principios guía y las estrategias para integrar efectivamente la IA en entornos educativos. Sin embargo, para proporcionar ideas prácticas y ejemplos, mencionaré algunas herramientas de IA que he usado y me han parecido útiles en distintos contextos. Para aquellos interesados en explorar más a fondo las herramientas de IA, he recopilado una lista detallada con las cincuenta mejores herramientas de IA actuales (a fecha de mayo de 2024). La lista completa está en el apéndice del libro, ofreciéndote una referencia útil de algunas de las tecnologías de IA más efectivas e innovadoras disponibles para su uso en el sector educativo. Ten en cuenta que, como estamos experimentando un crecimiento exponencial sin precedentes en la tecnología de IA, mi lista de las cincuenta mejores irá evolucionando.

Al escribir este libro, también he evitado a propósito el uso de una jerga densa y lenguaje técnico complejo que a menudo inunda los textos de ciencias de la computación y programación. Mi enfoque está principalmente en estrategias prácticas que tú, como educador/a, puedes aplicar directamente en tu aula. La esencia de este libro es hacer que la integración de la IA en entornos educativos sea accesible, factible y beneficiosa tanto para ti como para tus estudiantes. Al desmitificar la IA y presentar sus aplicaciones a través de ejemplos claros y factibles, ideas para unidades de indagación y estrategias para la clase, mi objetivo es asegurar que puedas aprovechar el potencial de la pedagogía potenciada por IA sin necesidad de usar ningún código subyacente o complejidades algorítmicas. Este enfoque está diseñado para empoderarte para mejorar tu metodología pedagógica y fomentar un entorno de aprendizaje enriquecedor que aproveche los últimos avances en IA.

Dicho esto, aunque trato de evitar la jerga técnica profunda, entender algo de vocabulario básico puede ayudar a comprender los conceptos fundamentales de la IA. Así que aquí hay algunos términos clave verificados por Wikipedia y Perplexity (que proporcionaron enlaces directos a las fuentes) y reformulados por GPT-4:

Figura 1.1:

Diez Palabras de Vocabulario de IA

IA (inteligencia artificial): La simulación de la inteligencia humana en máquinas que están programadas para pensar como humanos e imitar sus acciones. El término también puede aplicarse a cualquier máquina que exhiba rasgos asociados con una mente humana, por ejemplo comunicarse y resolver problemas.

Bot (abreviatura de robot): Una aplicación de software diseñada para automatizar ciertas tareas, a menudo interactuando con usuarios u otros sistemas. Los bots pueden usarse para una variedad de propósitos, como servicio al cliente, recopilación de información o incluso interacciones en redes sociales. Un chatbot es un tipo específico de bot diseñado para participar en conversaciones con usuarios, típicamente a través de interfaces basadas en texto. Los chatbots utilizan procesamiento del lenguaje natural y algoritmos de aprendizaje automático para comprender y responder a las entradas de los usuarios.

Visión artificial: Un campo de la inteligencia artificial que se centra en permitir que los ordenadores interpreten y comprendan imágenes y videos digitales. Implica el desarrollo de algoritmos y sistemas que pueden realizar tareas como detección de objetos, reconocimiento de imágenes y comprensión de escenas. La visión artificial se utiliza en una amplia gama de aplicaciones, incluyendo vehículos autónomos, imágenes médicas y sistemas de seguridad. Se basa en técnicas como el aprendizaje profundo y el aprendizaje automático para analizar y dar sentido a los datos visuales.

IA generativa: Sistemas de IA que pueden generar contenido, como texto, imágenes, música y más, a través del aprendizaje de grandes conjuntos de datos para reconocer patrones y estructura. Este tipo de IA puede producir nuevas salidas que son similares pero no idénticas a los ejemplos de los que ha aprendido. Los modelos de IA generativa, como GPT-3 y DALL·E, están entrenados en grandes conjuntos de datos de contenido existente y pueden usar este conocimiento para generar nuevo contenido original que imita el estilo y las características de los datos de entrenamiento. Esto se puede usar para una variedad de aplicaciones, como escritura creativa, composición musical y generación de imágenes.

GPT (Transformador Generativo Preentrenado): Un tipo de modelo de lenguaje grande (LLM) que está entrenado en una gran cantidad de datos de texto para generar texto similar al humano. Los modelos GPT son conocidos por su capacidad para producir texto coherente y contextualmente relevante, haciéndolos útiles para una variedad de tareas de procesamiento del lenguaje natural, como traducción de idiomas, resumen de texto y respuesta a preguntas.

Alucinaciones: Respuestas generadas por IA que presentan información falsa o engañosa como hechos, trazando una analogía vaga con las alucinaciones humanas, que implican percepciones falsas.

Modelo de lenguaje grande (LLM): Un tipo de sistema de inteligencia artificial que está entrenado en una vasta cantidad de datos de texto, permitiéndole entender y generar un lenguaje similar al humano. Los LLM se caracterizan por su gran tamaño, a menudo conteniendo miles de millones de parámetros, y su capacidad para realizar una amplia gama de tareas de procesamiento del lenguaje natural, como generación de texto, traducción y respuesta a preguntas. Estos modelos se emplean en la generación de texto, un subconjunto de la IA generativa, donde se produce texto prediciendo tokens o palabras subsiguientes de manera secuencial después de una entrada inicial.

ML (machine learning o aprendizaje automático): Un campo de la inteligencia artificial que se centra en el desarrollo de algoritmos y modelos estadísticos que permiten a los ordenadores realizar tareas específicas de manera efectiva sin ser programados explícitamente. Los sistemas de ML aprenden de los datos, identificando patrones, haciendo predicciones y tomando decisiones basadas en esos datos.

Red Neuronal: Un tipo de modelo de aprendizaje automático que está inspirado en la estructura y función del cerebro humano. Está compuesto de nodos interconectados, o "neuronas", que pueden transmitir señales a otras neuronas, permitiendo que la red aprenda y realice tareas complejas, como reconocimiento de imágenes, procesamiento del lenguaje natural y toma de decisiones.

PLN (procesamiento del lenguaje natural): Un campo de la inteligencia artificial que se centra en la interacción entre ordenadores y el lenguaje humano. Implica el desarrollo de algoritmos y sistemas que pueden entender, interpretar y generar lenguaje humano, permitiendo a los ordenadores realizar tareas como traducción de idiomas, resumen de texto, análisis de sentimiento y respuesta a preguntas.

Está bien, voy a pararme ahí, ya que podría haber incluido cientos de términos más, pero ese no es el propósito de este libro. Espero que entender estos diez términos pueda proporcionar algo de vocabulario fundamental que ayude a explorar y hablar de las aplicaciones de la IA en la educación y más allá.

Errores Comunes en el Uso de la IA

Al integrar herramientas de IA en instituciones educativas, es crucial evitar errores comunes para garantizar un uso efectivo y ético de éstas.

Una querida amiga compartió hace poco una experiencia aleccionadora de una clase de prueba que hizo para una entrevista en una escuela internacional. Había utilizado un LLM para generar preguntas y respuestas

Imagen generada por DALL·E 3, 2024

matemáticas, confiando en que generaría el contenido correcto. Sin embargo, a mitad de la clase, un estudiante astuto señaló varias respuestas incorrectas. Esta llamada de atención inesperada fue una gran lección para ella, revelando que los LLMs a menudo no son correctos.

La experiencia de mi amiga enfatiza la importancia de revisar el contenido generado por IA y destacó una valiosa lección: aunque la IA puede ser una ayuda genial, es esencial mantener un ojo crítico y verificar la información de forma independiente.

Las instituciones deben establecer protocolos para revisar el contenido generado por IA. Los estudios muestran que los chatbots impulsados por LLMs pueden producir inexactitudes y alucinaciones, con hasta el 27% de las respuestas conteniendo falsedades aleatorias y el 46% presentando errores de hecho (Wikipedia, 2023). Asegurar que toda la información generada por IA se verifique de forma independiente es clave para mantener la integridad educativa. Para más orientación sobre la verificación de información, puedes mirar el capítulo 8.

Otro error frecuente con el uso institucional de la IA es poner énfasis en las características tecnológicas de las nuevas herramientas digitales en lugar de centrarse en cómo estas herramientas pueden mejorar la pedagogía. He asistido a muchas conferencias de tecnología educativa, priorizando mostrar "cuantas más herramientas, mejor", lo cual a menudo implica descuidar las aplicaciones e implicaciones pedagógicas de estas herramientas. Es vital que los educadores prioricemos el valor educativo y las aplicaciones de la tecnología sobre su novedad. Este enfoque asegura que la tecnología sirva como una herramienta para apoyar estrategias de enseñanza efectivas que mejoren el aprendizaje en lugar de eclipsarlas.

El pensamiento crítico es una habilidad esencial en cualquier labor educativa, sin embargo, a menudo se descuida cuando se usa la IA. Las instituciones deben alentar a los educadores a enseñar a los estudiantes no solo a usar la IA, sino también a examinar críticamente sus resultados. Esto también incluye editar el contenido generado por IA para asegurarse de que tenga sentido.

Las dimensiones éticas del uso de la IA deben estar a la vanguardia de las políticas institucionales. Descuidar estas dimensiones éticas puede resultar en decisiones y acciones que comprometan la privacidad de los estudiantes, la seguridad de los datos y la equidad. Los educadores y líderes deben asegurarse de que las herramientas de IA cumplan con los estándares éticos y las regulaciones legales para proteger a los estudiantes y mantener la confianza. Esto incluye estar pendiente de cómo se recopilan, almacenan y utilizan los datos de los alumnos, asegurando que se prioricen la transparencia y el consentimiento.

La integridad académica y la honestidad también juegan un papel crítico en el uso responsable de la IA en la educación. A medida que la IA se vuelve más prevalente en la generación y curación de contenido, los estudiantes pueden depender demasiado de estas herramientas, arriesgándose al plagio o debilitando su proceso de aprendizaje. Es esencial que las instituciones inculquen una fuerte comprensión de la honestidad académica en los estudiantes, enfatizando la importancia del pensamiento original y la integridad en su trabajo al usar contenido generado por IA.

Otro escollo es la falta de conciencia sobre los sesgos y estereotipos que los resultados de la IA pueden perpetuar. Los sistemas de IA son solamente tan imparciales como los datos con los que se entrenan, que a menudo pueden incluir prejuicios sociales inherentes. Reconocer y abordar estos sesgos es crucial para prevenir el refuerzo de estereotipos.

Las instituciones deben guiar a los educadores y estudiantes para usar herramientas de IA sin sacrificar la voz auténtica. Aunque la IA puede generar contenido, es crucial editarlo para dar un toque genuino y personal. La dependencia de la IA puede llevar al uso excesivo de ciertas frases como "profundo", "entramado", "vínculo", "aprovechar", "profundizar", "vibrante", "paisaje", "ámbito", "embarcarse" y "vital", que pueden hacer que la escritura suene genérica e impersonal. Los educadores y estudiantes deben ser conscientes de estas frases comunes generadas por IA y esforzarse por mantener su propio estilo y voz únicos en su trabajo. Esta lista de palabras sobre-utilizadas por IA no es exhaustiva, pero es producto de investigaciones realizadas por varios blogueros y usuarios de Reddit, así como mi propia experiencia. Verás que he tratado de evitar estas palabras en este libro.

Al abordar estos problemas, los educadores pueden aprovechar mejor el potencial de las herramientas de IA para enriquecer el entorno de aprendizaje mientras se mantiene un estándar educativo alto y un compromiso crítico.

A continuación, la Figura 1.2 proporciona un resumen de algunos de los errores más comunes en el uso de la IA.

Figura 1.2:

Errores Comunes en el Uso de la IA

ERRORES COMUNES EN EL USO DE LA IA

1 — NO REVISAR INFORMACIÓN: LAS HERRAMIENTAS DE IA ALUCINAN

2 — CENTRARSE EN LA HERRAMIENTA DE IA Y NO EN LA PEDAGOGÍA

3 — NO EDITAR EL CONTENIDO GENERADO: ¿TIENE SENTIDO?

4 — IGNORAR LA ÉTICA Y LA HONESTIDAD ACADÉMICA

5 — NO RECONOCER LOS ESTEREOTIPOS Y SESGOS

6 — NO APORTAR EL 'TOQUE' PERSONAL

Consejo Práctico: Invita a un grupo de trabajo que incluya diferentes miembros de la comunidad escolar para co-crear una lista de errores comunes asociados con el uso de la IA. Transforma esta visión colectiva en un conjunto de pautas o protocolos para toda la comunidad escolar. Al involucrar a estudiantes y maestros/as en este proceso, se les da un sentido de propiedad y responsabilidad, lo que mejora la efectividad y adherencia a estas pautas.

Oportunidades de Aprendizaje Profesional para la Comunidad Escolar

El desarrollo profesional es clave para asegurar que todos los interesados—educadores, administradores y encargados de formular políticas—estén bien preparados para aprovechar las tecnologías de IA en entornos educativos. Es esencial proporcionar formación que simplifique los conceptos de IA y explique aplicaciones prácticas dentro del aula.

Las oportunidades de aprendizaje profesional deben diseñarse para empoderar a los educadores proporcionándoles la autonomía para elegir caminos de aprendizaje que se alineen con sus propios intereses y niveles de experiencia actuales, alineándose con los principios andragógicos (educación de adultos). Este empoderamiento es crucial para facilitar el compromiso y la motivación de los adultos, permitiendo a los educadores navegar las complejidades de la IA de una manera personal y profesionalmente enriquecedora.

Al permitir que los educadores adapten sus experiencias de aprendizaje, un programa de aprendizaje profesional puede abordar efectivamente las diversas necesidades y capacidades de los educadores. Para fomentar un sentido de comunidad y trabajo en equipo, me gusta animar a la formación de grupos de aprendizaje profesional basados en intereses, para que los educadores puedan conversar e intercambiar ideas entre ellos.

Reconociendo que el crecimiento profesional es un viaje continuo y sostenido, es recomendable que las iniciativas de desarrollo profesional se amolden a las diversas etapas de conocimiento y experiencias de los educadores. Ofrecer múltiples puntos de entrada y un espectro de módulos de aprendizaje adaptados a diferentes niveles de familiaridad con la IA asegura que cada educador, independientemente de su punto de partida, tenga acceso a oportunidades que le resulten útiles y relevantes. Este enfoque inclusivo ayuda a desmitificar la IA para los novatos mientras que proporciona ideas más avanzadas para aquellos con mayor familiaridad, fomentando así una comunidad de aprendizaje que valora y apoya el avance continuo.

Diseñando un Plan de Aprendizaje Profesional (PAP)

Para asegurar que el desarrollo e implementación del plan de aprendizaje profesional (PAP) estén centrados en el maestro y sean receptivos, anclamos el proceso en los principios del *pensamiento de diseño*. La Figura 1.3 describe las etapas en el proceso de pensamiento de diseño.

Al alinear la planificación del aprendizaje profesional con el proceso de pensamiento de diseño, aseguramos que el programa no solo sea sistemático y bien estructurado, sino también profundamente receptivo a las necesidades de los educadores, fomentando un ambiente propicio para el aprendizaje efectivo y la aplicación práctica de la IA en la educación.

Figura 1.3:

Etapas del Pensamiento de Diseño

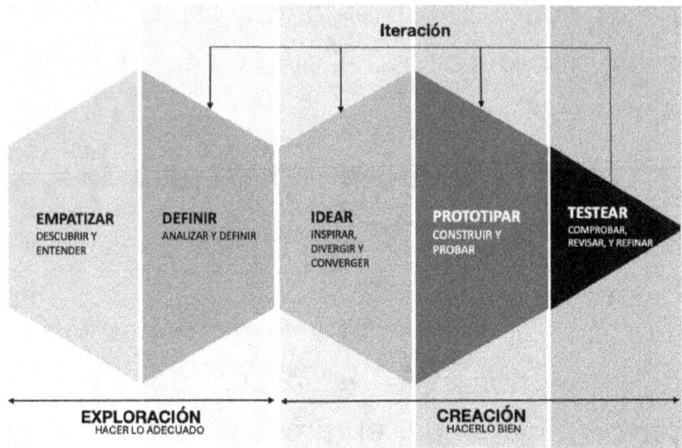

Aquí tenemos una descripción paso por paso del proceso de cinco etapas para desarrollar un PAP:

1. Empatizar: Evaluar Necesidades y Establecer Objetivos

Comienza empatizando con tu audiencia: los miembros de la comunidad escolar. Éstos incluyen maestros, líderes escolares, padres y estudiantes. Comprende tus percepciones actuales, desafíos y expectativas con respecto a la IA en la educación a través de encuestas, entrevistas y observaciones. Este enfoque empático ayuda a evaluar con precisión las necesidades y la preparación de los maestros para adoptar tecnologías de IA. Usa esta información para definir objetivos claros y adaptados para el PAP que aborden las preocupaciones y aspiraciones específicas de los educadores.

2. Definir: Diseñar Oportunidades de Aprendizaje Profesional

Con una comprensión profunda de las necesidades de la comunidad y los objetivos del programa, define claramente qué haría que la formación fuese un éxito. Esto implica estructurar un programa que tenga en cuenta los diversos niveles de conocimiento de IA y se alinee con los objetivos educativos.

El programa debe ser completo, cubriendo conceptos fundamentales de IA, aplicaciones útiles en la enseñanza, consideraciones éticas y actividades prácticas.

3. Idear: Seleccionar Facilitadores y Recursos

En esta fase creativa y divergente, haz una lluvia de ideas y selecciona tanto los mejores recursos posibles como facilitadores que puedan impartir la formación de manera efectiva. Considera varios materiales pedagógicos, herramientas digitales, ponentes expertos y materiales atractivos que puedan mejorar la experiencia de aprendizaje.

Piensa de manera innovadora sobre cómo presentar conceptos complejos de IA de una manera que invite al aprendizaje activo y la participación. Por ejemplo, los profesores podrían trabajar en parejas para crear un artefacto basado en su área de interés y aprendizaje.

4. Prototipar: Implementar el Programa

Trata el lanzamiento inicial del PAP como un prototipo. Implementa las sesiones planificadas, talleres y actividades según lo diseñado, pero manténte abierto a realizar ajustes.

Durante esta fase, es crucial mantener una mentalidad iterativa, permitiendo cambios a tiempo real basados en retroalimentación y observaciones continuas.

5. Testear: Evaluar e Iterar

Finalmente, prueba rigurosamente la efectividad del PAP evaluando los comentarios de los participantes, midiendo los resultados del aprendizaje y observando la aplicación práctica de la IA en las aulas.

Usa estos datos para refinar y mejorar el programa. Considera esto como un proceso iterativo donde el programa se mejora y se construye continuamente basado en los comentarios de los maestros y las necesidades cambiantes.

La Figura 1.4 resume este proceso de cinco pasos para diseñar un plan de aprendizaje profesional (PAP).

Figura 1.4:

Diseñando un Plan de Aprendizaje Profesional

Aquí tienes algunas sugerencias para elegir temas de aprendizaje profesional que podrían ofrecerse una vez que se haya implementado este proceso de cinco pasos:

1. Análisis de Datos Impulsado por IA para la Educación

Evalúa el conocimiento actual de los maestros sobre el análisis de datos de IA a través de encuestas y entrevistas, y luego diseña talleres que cubran los aspectos fundamentales de la IA, aplicaciones prácticas de análisis de datos y las consideraciones éticas. Implementa sesiones prácticas y activas y recopila perspectivas para refinar el programa. Mide el impacto a través de encuestas y resultados de los estudiantes, haciendo ajustes según sea necesario.

2. IA para la Eficiencia Administrativa

Realiza encuestas al personal para comprender los desafíos administrativos actuales y establece objetivos para optimizar las operaciones con IA. Realiza talleres sobre aplicaciones de IA para tareas como programación y gestión de recursos, recopilando comentarios para evaluar la efectividad. Mide el impacto a través de encuestas al personal y evaluaciones de eficiencia de procesos, haciendo ajustes según sea necesario.

3. Uso Ético de la IA en la Educación

Haz encuestas a estudiantes, maestros y administradores para evaluar la comprensión de la ética de la IA, y luego planifica sesiones sobre consideraciones éticas, sesgo y privacidad. Implementa talleres con ideas prácticas y recopila comentarios para refinar el programa. Evalúa el impacto a través de comentarios, cumplimiento de políticas y observaciones en el aula, haciendo los ajustes necesarios.

4. Desarrollo de Currículo Mejorado por IA

Determina las necesidades y experiencias de los maestros con la IA en el diseño curricular a través de encuestas, y establece objetivos para integrar la IA de manera efectiva. Planifica talleres que aborden herramientas de IA para el desarrollo curricular y estrategias prácticas, recopilando comentarios para mejorar las sesiones. Mide el impacto a través de reflexiones del profesorado y evaluaciones curriculares, refinando la formación en base a los resultados.

Resumen del Capítulo

Este capítulo presentó el papel transformador de la inteligencia artificial (IA) en varios sectores, destacando su integración fluida en nuestras vidas diarias. Desde el texto predictivo y los *feeds* de redes sociales curados por IA hasta sus aplicaciones en vehículos autónomos, industrias creativas, agricultura y atención médica, la influencia de la IA es generalizada y beneficiosa.

La IA también es una fuerza revolucionaria en la educación, mejorando los métodos de enseñanza y las experiencias de aprendizaje. Puede facilitar interacciones históricas atractivas a través de conversaciones con figuras históricas y generar ideas para un enfoque de aprendizaje disciplinario basado en proyectos (ABP). El capítulo abordó los beneficios de la IA, destacando su capacidad para amplificar entornos de aprendizaje colaborativo y por indagación.

A pesar del entusiasmo por la IA, es importante priorizar la pedagogía sobre la herramienta tecnológica. El uso ético de las herramientas de IA y su alineación con los objetivos educativos son cruciales para mejorar el aprendizaje en lugar de simplemente automatizar tareas.

El desarrollo profesional para educadores es esencial para la integración efectiva de la IA en las prácticas de enseñanza. Se propuso un proceso de pensamiento de diseño de cinco etapas para desarrollar planes de aprendizaje profesional (PAP) que satisfagan las necesidades de los educadores, incluyendo empatizar con los educadores, definir criterios de éxito, seleccionar recursos, prototipar el programa y realizar pruebas iterativas.

El verdadero potencial de la IA no reside en las herramientas mismas, sino en cómo se utilizan para expandir las capacidades humanas y mejorar la calidad de vida. En la educación, la IA está lista para revolucionar los métodos de enseñanza tradicionales, haciendo que el aprendizaje sea más interactivo, atractivo y basado en el contexto. Este cambio en la pedagogía no se trata simplemente de adoptar tecnología, sino de replantearse cómo ocurren la enseñanza y el aprendizaje.

Preguntas de Diálogo

1. Potencial Transformador de la IA: ¿Cómo percibes el papel de la IA en la transformación de las prácticas educativas tradicionales como hemos descrito en el capítulo? Habla de cambios específicos que la IA podría proporcionar a tu área de enseñanza o materia.

2. Aprendizaje Interdisciplinario: La IA es descrita como potenciadora del Aprendizaje Basado en Proyectos (PBL) y el aprendizaje interdisciplinario. ¿Puedes visualizar un proyecto o plan para una clase en tu área que podría integrar la IA para fomentar una experiencia de aprendizaje más holística? ¿Cómo podría la IA facilitar la integración de diferentes disciplinas académicas?

3. Papel de los Educadores: A medida que las herramientas de IA se integran más en la educación, ¿cuál crees que debería ser el papel evolutivo de los educadores? ¿Cómo pueden los maestros complementar las herramientas de IA para mejorar el aprendizaje de los estudiantes en lugar de sentirse reemplazados por ellas?

4. Futuro de la IA en la Educación: Basándose en los avances abordados, ¿cuáles son tus predicciones o preocupaciones acerca del futuro de la IA en la educación? ¿Cómo crees que estos cambios van a afectar a tus prácticas educativas y a las experiencias de aprendizaje de tus estudiantes en la próxima década?

Oportunidad de Artefacto

Explora la IA en la Vida Cotidiana:

Pide a algunos de sus compañeros que identifiquen y documenten tres formas en las que se está utilizando la IA dentro de tu institución educativa. Pide a los compañeros que reflexionen sobre cómo estas aplicaciones de IA impactan las operaciones institucionales y hablen de estas ideas en sus reuniones de equipo.

CAPÍTULO 2

LA NECESIDAD CRÍTICA DE UNA POLÍTICA DE IA UNIFICADA EN EVOLUCIÓN

"Está muy claro que la IA va a tener impacto en todas las industrias. Creo que todas las naciones deben asegurarse de que la IA sea parte de su estrategia nacional. Todos los países se verán afectados."
—Jensen Huang, ingeniero eléctrico, cofundador, presidente y CEO de Nvidia

¿Cómo podríamos todos cantar la misma melodía?

Uno de los principales desafíos a los que me enfrento es cuando los profesores tienen diferentes expectativas sobre cómo los estudiantes pueden o no usar la IA para sus tareas. Algunos estudiantes han respondido que el profesor A o B les permite copiar y pegar la respuesta o usar la IA como una fuente creíble.

Esto se debe a que la tasa de integración de la IA para los profesores es bastante variada, y aquellos que están más inclinados tecnológicamente están avanzando con ella, mientras que los demás bien la están evitando o no han tenido el tiempo/apoyo para explorarla mucho.

> A menudo está muy claro cuando los estudiantes han plagiado su trabajo usando IA. Así que los profesores han recurrido a tener conversaciones de seguimiento con los estudiantes sobre el trabajo presentado para ayudar a determinar su aprendizaje. Sin embargo, algunos profesores están más interesados en "pillar" a los estudiantes que han usado IA, que en enseñarles cómo usarla éticamente para apoyar su aprendizaje. Si la escuela adoptase un enfoque unificado para la integración de la IA, muchos de estos desafíos podrían mitigarse.
>
> **—Profesora de secundaria experimentada**

En este capítulo examinaremos por qué una estrategia de IA cohesiva a nivel institucional es esencial para tener éxito. Un enfoque fragmentado, donde diferentes departamentos o educadores usan herramientas de IA de manera aislada o inconsistente, puede llevar a confusión, inequidades y oportunidades perdidas. En cambio, una política de IA unificada proporciona pautas claras, que apoya la formación y los recursos para el desarrollo profesional, y asegura que la IA se aproveche en consonancia con la misión y valores generales de la institución.

Co-crear una política de IA unificada en evolución (PIAUE) es crucial por varias razones, especialmente porque la tecnología de IA prevalece en los entornos educativos en la actualidad. Estos son los beneficios clave de establecer este tipo de política:

1. Aseguramos un uso justo: Una política de IA unificada asegura que todos los estudiantes tengan igualdad de oportunidades para utilizar herramientas de IA. Esto ayuda a prevenir disparidades en el acceso y uso, lo cual puede contribuir a resultados de aprendizaje desiguales.

2. Promovemos el uso ético: La IA tiene posibles usos indebidos que pueden no ser inmediatamente evidentes para los estudiantes, como reconocer sesgos. Una política bien definida establece límites éticos y establece expectativas para un uso responsable.

3. Protegemos la privacidad: Las herramientas de IA a menudo procesan y almacenan datos sensibles. Una política de IA unificada ayuda a salvaguardar la privacidad de los estudiantes y la seguridad de los datos, describiendo cómo se recopilan, utilizan y protegen los datos.

4. Fomentamos la alfabetización digital: Al establecer pautas y expectativas para el uso de la IA, una política también puede servir de herramienta educativa que enseña a los estudiantes sobre tecnología, incluyendo sus capacidades, limitaciones e implicaciones.

5. Mantenemos la integridad académica: Una política de IA ayuda a mantener la integridad del trabajo académico. Aclara lo que constituye plagio y hacer trampa en el contexto de la IA, asegurando que el trabajo de los estudiantes siga siendo un reflejo real de su propio conocimiento y habilidades.

6. Gestionamos expectativas: Tanto los educadores como los estudiantes se benefician de tener expectativas claras sobre cómo se pueden y deben usar las herramientas de IA en el proceso de aprendizaje. Esto ayuda a integrarlas de manera consistente y efectiva en el plan curricular sin comprometer los objetivos educativos.

7. Nos preparamos para desafíos futuros: A medida que la tecnología de IA evoluciona, inevitablemente surgirán nuevos desafíos y escenarios. Una política unificada puede proporcionar un marco que puede adaptarse a medida que cambian las circunstancias, asegurando una relevancia y efectividad continuas.

¿Por qué una política de IA unificada necesita evolucionar? Helen Toner, investigadora de políticas de IA y ex miembro de la junta de OpenAI, dijo en su charla Ted en mayo de 2024: "Necesitamos enfocarnos en la adaptabilidad, no en la certeza." La rápida evolución de las tecnologías de IA necesita un marco de políticas capaz de responder a nuevos desarrollos y desafíos imprevistos. Una política de IA en continua evolución asegura que las regulaciones sigan siendo relevantes y efectivas, fomentando la innovación mientras se abordan preocupaciones éticas, problemas de privacidad y riesgos potenciales.`

Al enfocarse en la adaptabilidad, los formuladores de políticas pueden ajustarse mejor a la naturaleza dinámica de los avances de la IA, creando un enfoque equilibrado que promueva tanto la seguridad como el progreso. Esta flexibilidad es esencial para navegar las complejidades de la IA, asegurando que una política unificada esté al día con el cambio tecnológico y pueda ajustarse a medida que nuestra comprensión del impacto de la IA avanza.

En resumen, una PIAUE es esencial para gestionar la integración de herramientas de IA en entornos educativos de una manera que contribuya al uso ético, proteja a los estudiantes y mejore los resultados de aprendizaje. De este modo, se crea un conjunto dinámico y estructurado de principios donde los beneficios de la IA pueden maximizarse mientras se reducen los riesgos potenciales y los malentendidos.

Diseñando una Política de IA Unificada en Evolución (PIAUE): Un Proceso de Seis Etapas

Co-crear una PIAUE para su uso en las escuelas puede estructurarse eficientemente como un proceso de seis etapas, basándonos nuevamente en los principios del pensamiento de diseño. Esta metodología asegura que la política no solo sea integral y práctica, sino que también esté estrechamente alineada con las diversas necesidades de todos los interesados implicados.

El pensamiento de diseño está fundamentalmente centrado en el usuario, haciéndolo especialmente adecuado para abordar problemas complejos como formular una política de IA unificada en evolución en entornos educativos. Al centrarse en las necesidades y preocupaciones específicas de varios grupos, incluyendo estudiantes, profesores, equipos directivos y padres, este enfoque promueve la minuciosidad y la inclusividad. También aborda eficazmente los elementos fundamentales de la integración de la IA en las escuelas, asegurando que la política sea tanto efectiva como equitativa.

Figura 2.1:

Etapas del Pensamiento de Diseño

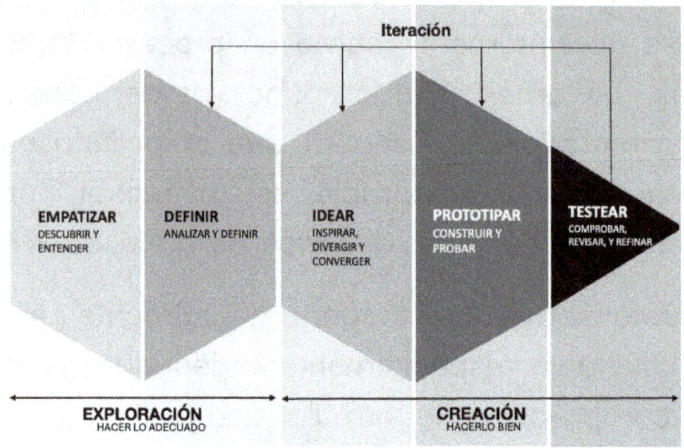

1. Involucrar a los Interesados: Empatizar

Comienza involucrando y consultando a todas las partes interesadas que tienen relevancia en el proceso de creación de políticas. Este grupo debe incluir administradores, profesores, personal especializado en tecnología, estudiantes, padres y posiblemente asesores legales, si se considera necesario. Involucrando a un grupo diverso, nos aseguramos que la política sea integral, ya que aborda las necesidades y preocupaciones de toda la comunidad escolar. Esta etapa se alinea con la de Empatizar en el proceso de pensamiento de diseño, donde necesitamos entender las necesidades, desafíos y emociones de aquellos que se verán afectados por nuestras soluciones. Requiere escucha profunda y compromiso para de verdad comprender la experiencia del usuario desde su perspectiva, asegurando que los resultados sean tanto relevantes como beneficiosos. Este enfoque también fomentará la aceptación y un sentido de propiedad sobre la política de IA unificada una vez que se implemente.

Consejo Práctico: Cuando realices entrevistas de empatía para recopilar perspectivas diversas sobre el uso de la IA, comienza creando un cuestionario estructurado que aborde aspectos clave como preocupaciones éticas, beneficios, riesgos y actitudes personales hacia la tecnología. Es importante asegurase de que haya una recopilación de datos integral formando a los entrevistadores en técnicas efectivas, como hacer preguntas abiertas y emplear la escucha activa. Además, puedes acomodar varias preferencias de los encuestados ofreciendo diferentes formatos de entrevista, incluyendo sesiones individuales, grupos focalizados y respuestas escritas anónimas. Este enfoque asegura que la información recopilada sea tanto exhaustiva como representativa de las opiniones de la comunidad.

2. Definir Objetivos y Alcance: Definir

Define claramente lo que la política pretende lograr y su alcance. Los objetivos podrían incluir asegurar un acceso equitativo a las herramientas de IA, promover el uso ético y proteger los datos de los estudiantes. El alcance determinará qué herramientas de IA están cubiertas y en qué contextos se pueden usar.

3. Evaluar Riesgos y Beneficios: Empatizar e Idear

Realiza una evaluación exhaustiva de los riesgos y beneficios potenciales asociados con el uso de la IA en el entorno escolar. Esta evaluación debe considerar problemas de privacidad, potencial de mal uso, impacto en el aprendizaje y preocupaciones éticas. Entender bien estos factores guiará el desarrollo de una política equilibrada e informada.

Aquí tienes algunas formas de evaluar los riesgos y beneficios:

- **Revisar las Publicaciones Actuales y Estudios de Caso:** Recopilar y analizar investigaciones existentes, artículos y estudios de caso sobre el uso de la IA en contextos educativos. Mirar tanto los resultados positivos como los desafíos enfrentados por otras escuelas.

- **Encuestar a las Partes Interesadas:** Realizar encuestas o grupos focales con profesores, estudiantes y padres para recopilar información de primera mano sobre sus expectativas, preocupaciones y experiencias con la IA y la educación.

- **Identificar Aplicaciones Específicas de IA:** Hacer una lista y evaluar las herramientas y tecnologías específicas de IA que están en uso actualmente o siendo consideradas para su uso en la escuela.

- **Analizar las Implicaciones de Privacidad:** Examinar cómo las herramientas de IA se encargan de la privacidad de los datos. Evaluar el cumplimiento de leyes y regulaciones relevantes, como la Ley de Protección de la Privacidad en Línea de los Niños (COPPA) o el Reglamento General de Protección de Datos (GDPR), dependiendo de tu ubicación.

- **Evaluar los Riesgos de Seguridad y el Potencial de Mal Uso:** Evaluar las medidas de seguridad de las aplicaciones de IA y el potencial de mal uso. Considerar cómo la IA podría ser utilizada de manera inapropiada por los estudiantes u otras personas y qué medidas son necesarias para prevenir tales escenarios.

- **Considerar Preocupaciones Éticas:** Hablar de las implicaciones éticas del uso de la IA, incluyendo cuestiones relacionadas con la equidad, el sesgo y la responsabilidad. Determinar cómo se pueden abordar estas preocupaciones en la política.

- **Desarrollar Estrategias de Gestión de Riesgos:** Para cada riesgo identificado, desarrollar estrategias para mitigarlo. Esto podría incluir salvaguardias técnicas, educación del usuario, medidas de política y revisiones periódicas del uso de la IA.

4. Redactar la Política: Prototipar

Con la información recopilada, redacta el documento de política. Éste debe incluir pautas sobre uso aceptable, derechos de acceso, medidas de privacidad de datos, estándares éticos y consecuencias por mal uso, etc. También debe delinear las responsabilidades para monitorear y hacer cumplir la política.

5. Revisar y Modificar: Prototipar y Testear

Comparte el borrador de la política con todos los interesados para obtener retroalimentación. Esta fase de revisión es crucial para identificar cualquier descuido y asegurar que la política sea clara y práctica. Revisa la política basándote en estos comentarios, tratando de equilibrar las diversas necesidades y preocupaciones de la comunidad escolar. Esto se alinea con la etapa de prototipos y pruebas en el proceso de pensamiento de diseño.

6. Implementar y Educar

Una vez que la política esté finalizada, impleméntala en toda la escuela. Esto incluye formar a todas las partes involucradas sobre sus roles y responsabilidades bajo la nueva política de IA. El desarrollo profesional, los materiales informativos y el apoyo continuo son clave para una implementación exitosa. Además, debemos establecer un mecanismo para revisar y actualizar la política con regularidad para adaptarse a nuevos desarrollos tecnológicos o desafíos.

Siguiendo estas seis etapas, las escuelas pueden desarrollar una PIAUE que sea reflexiva , integral y adaptable, asegurando que las herramientas de IA se utilicen de manera efectiva y ética para mejorar los resultados educativos.

La Figura 2.2 describe las seis etapas para diseñar una Política de IA Unificada en Evolución (PIAUE).

Figura 2.2:

Diseñando una Política de IA Unificada en Evolución (PIAUE)

Un Ejemplo de una Política de IA Unificada (PIAUE)

Aquí hay un ejemplo de una política de IA unificada para uso estudiantil que una escuela podría crear siguiendo el proceso de seis etapas descrito anteriormente de GPT-4 de Poe.com recuperado en mayo de 2024:

Política de IA Unificada (UAI) para Uso Estudiantil

Distrito Escolar de ¨Villa Cualquiera¨

Introducción

El Distrito Escolar de Villa Cualquiera reconoce el potencial de las herramientas de inteligencia artificial (IA) para mejorar los resultados educativos y apoyar la enseñanza y el aprendizaje. Esta política describe el uso responsable de las tecnologías de IA por parte de los estudiantes dentro del distrito para garantizar prácticas éticas, proteger la privacidad y promover la justicia.

Objetivos

1. Proporcionar acceso equitativo a los recursos de IA.
2. Asegurar que las herramientas de IA se utilicen para apoyar los objetivos educativos.
3. Proteger la privacidad y seguridad de los datos de los estudiantes.
4. Mantener la integridad académica en el uso de la IA.

Alcance

Esta política se aplica a todo el software y herramientas con tecnología de IA utilizados en las aulas, para tareas y en cualquier otra actividad relacionada con la escuela por parte de los estudiantes del Distrito Escolar de Villa Cualquiera.

Pautas de Uso

1. Acceso y Equidad: Todos los estudiantes tendrán igual acceso a las herramientas de IA aprobadas por el distrito. Ningún estudiante se verá desfavorecido por falta de acceso en sus actividades educativas.

2. Uso Ético: Los estudiantes deben usar las herramientas de IA de una manera que sea honesta y justa. El uso de IA para completar tareas siempre debe ser citado.

3. Privacidad y Seguridad: Los estudiantes no deben usar herramientas de IA para almacenar o transmitir datos personales sin el permiso explícito de la escuela. El distrito se asegurará de que todas las herramientas de IA cumplan con las leyes de protección de datos correspondientes.

4. Integridad Académica: Se anima a los estudiantes a usar la IA como una herramienta complementaria para el aprendizaje. No obstante, la presentación directa de trabajo 100% generado por IA como propio está prohibida. Los estudiantes deben interactuar críticamente con y modificar el contenido generado por IA para reflejar su comprensión y citar las herramientas que utilizaron.

5. Monitoreo y Cumplimiento: Los profesores y líderes escolares monitorearán el uso de las herramientas de IA. El mal uso se abordará de acuerdo con las pautas de integridad académica del colegio.

Implementación

1. Formación: Todos los estudiantes y el personal recibirán formación sobre el uso ético de la IA, incluyendo la comprensión de esta política.

2. Concienciación: Se circularán actualizaciones y recordatorios regulares sobre la política a través de boletines escolares y asambleas.

3. Apoyo: Se dispondrá de apoyo de TI para asistir en el uso apropiado y efectivo de las herramientas de IA.

Revisión

Esta política será revisada anualmente por un comité compuesto por profesores, administradores, estudiantes y padres para adaptarse a los nuevos desarrollos en tecnología de IA y prácticas educativas.

Adopción

Adoptada por la Junta Escolar de Villa Cualquiera el día [Fecha]

Este ejemplo proporciona un marco que cubre las áreas centrales de preocupación, incluyendo acceso, uso ético, privacidad e integridad académica. También enfatiza el proceso continuo de formación, apoyo y revisión para adaptarse a las circunstancias y tecnologías cambiantes.

Sinergia en Acción: Armonizando la IA y el Aporte Humano

Comprender el uso de la IA y su interacción con el aporte humano es crucial para desarrollar una política de IA cohesiva y efectiva. En el mundo de la educación, medir el nivel de uso de la IA es complicado debido tanto a sus aplicaciones variadas como a la complejidad que hay en la interacción entre humanos e IA. Para ilustrar esto, me gusta usar la analogía de

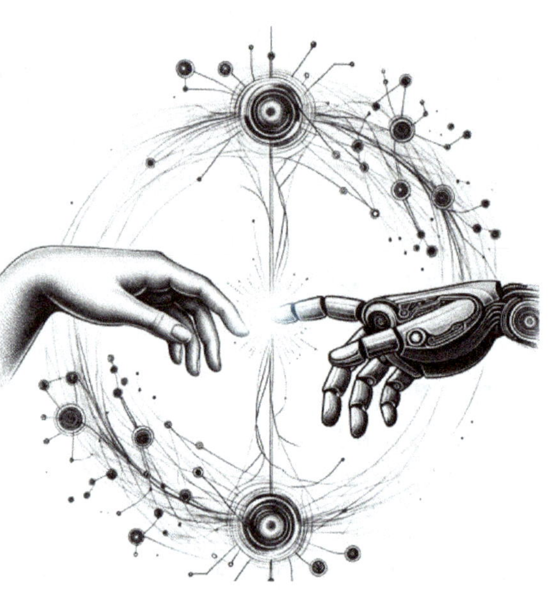

Imagen generada por DALL·E 3, 2024

un chef y electrodomésticos de cocina de alta tecnología. Imagina una cocina moderna ajetreada donde diferentes electrodomésticos hacen de sous-chefs extraordinarios. Las herramientas de precisión, como las máquinas de cocción al vacío, mantienen las temperaturas exactas para una cocción perfecta, mientras que los hornos de convección avanzados aseguran una cocción uniforme y oportuna. A mi hijo le encanta usar su máquina de cocción al vacío para cocinar lentamente un trozo de pescado de doce a dieciséis horas, haciendo que todos los sabores se fundan perfectamente. Esta herramienta le permite lograr un nivel de precisión que sería imposible con métodos de cocina tradicionales.

De manera similar, en la educación, la IA actúa como un conjunto sofisticado de herramientas que mejora las capacidades de los educadores humanos. Así como un chef combina su toque único con la precisión de electrodomésticos avanzados, los educadores pueden mezclar su habilidad pedagógica con la IA para crear experiencias de aprendizaje atractivas, efectivas y basadas en la indagación. Esta coexistencia enfatiza que el verdadero potencial de la IA en la educación tiene lugar no reemplazando elementos humanos, sino trabajando en armonía con ellos para alcanzar nuevas alturas de excelencia educativa.

Al final, son las decisiones del chef, el oficio la y el uso magistral de técnicas lo que produce el plato. Al igual que un educador magistral produce resultados educativos excepcionales a través del uso de la IA.

La Figura 2.3 representa cómo la IA y la experiencia humana pueden coexistir en armonía! Hay dos límites absolutos en lugar de una escala. Un extremo está marcado como "0%", donde no se está utilizando absolutamente nada de IA: es todo esfuerzo humano. El otro extremo está marcado como "100%", donde la IA se utiliza completamente sin ninguna intervención humana, simplemente copiando y pegando el contenido generado directamente, una práctica que pretendemos desalentar.

Notarás que el espacio entre estos dos extremos está sombreado en gris, destacando veinte ejemplos de utilización de IA que no aumentan ni disminuyen en escala o intensidad. Esto indica que el uso de IA no escala uniformemente de un extremo al otro. En cambio, esta área gris significa una mezcla constante de colaboración entre IA y humanos. Aquí, en este terreno intermedio, el grado y la complejidad de la participación de la IA es matizada.

Es importante reconocer que medir el nivel de uso de la IA, o cuantificarlo, conlleva desafíos significativos. El tema del uso de la IA es inherentemente complejo, y está influenciado por muchos factores que dan forma a la relación entre la IA y el trabajo humano. Esta complejidad deja entrever que la integración de la IA no sigue un camino directo y lineal. Más bien lo contrario, presentando una interacción compleja donde las contribuciones de la IA y el humano varían ampliamente en base al contexto y caso de uso específico.

Este modelo apoya la idea de que la integración efectiva de la IA puede ocurrir a niveles donde las herramientas de IA respaldan los objetivos pedagógicos de manera consistente. Ya sea con el fin de mejorar el aprendizaje interactivo o agilizar las tareas administrativas, estamos fomentando así un entorno donde la tecnología y la experiencia humana coexisten armoniosamente para mejorar los resultados educativos.

La Figura 2.3 ilustra un marco simple pero efectivo para conceptualizar el uso de la IA que refleja los matices y la complejidad del campo; no es una escala lineal o progresiva.

Figura 2.3:

Marco para Conceptualizar el Uso de la IA

Armonización de la IA y las Aportaciones Humanas ➡️ **Uso de IA al 100%**

1. Hacer Tormentas de Ideas: Usa IA para generar una lista de ideas de temas para ensayos o proyectos

2. Recrear Párrafos: Mejora la estructura o la fluidez de párrafos escritos.

3. Resumir Textos: Resume rápidamente artículos o capítulos largos.

4. Asistir Investigaciones: Encuentra y recopila información relevante sobre temas específicos.

5. Crear Guías de Estudio: Genera guías de estudio a partir de los materiales proporcionados por el curso.

6. Traducir Idiomas: Traduce textos documentos para entender o preparar material multilingüe.

7. Chequear Gramática y Deletreo: Corrige gramática y deletreo en ensayos y reportes.

8. Practicar Pronunciación: Usa herramientas para el aprendizaje de idiomas apoyadas por IA para mejorar la pronunciación.

9. Recibir Retroalimentación Escrita: Utiliza la IA para recibir comentarios sobre el estilo de escritura, tono y claridad para mejorar ensayos y otras tareas escritas.

10. Analizar Datos: Analiza grandes conjuntos de datos para proyectos o tareas escritas de investigación.

11. Generar Código: Usa la IA para asistir en escribir y resolver problemas con código.

12. Simular un Evento Histórico: Interactúa con simulaciones conducidas por IA para entender todavía mejor eventos históricos.

13. Simular Experimentos: Conduce experimentos en un laboratorio virtual con herramientas de simulación impulsadas por IA.

14. Conseguir Inspiración para Arte y Diseño: Genera ideas y prototipos enfocados de arte o diseño gráfico.

15. Componer Musica: Crea o edita piezas musicales con herramientas asistidas por IA.

16. Predecir resultados: Usa la IA para predecir resultados basados en datos determinados, útil en campos como la economía o ciencias sociales.

17. Mejorar Presentaciones: Mejora la calidad de las presentaciones con diseño y sugerencias de contenido impulsados por IA.

18. Experimentar Aprendizaje con Realidad Virtual: Explora entornos de realidad virtual enfocados en aprendizaje inmersivo que están manejados o mejorados por la IA.

19. Automatizar Tareas Repetitivas: Automatiza formatear, hacer entradas de datos, y otras tareas repetitivas para ahorrar tiempo.

20. Organizar Notas: Emplea herramientas con IA para ayudar a organizar y categorizar apuntes de clase, haciendo que los materiales de estudio sean más accesibles y fáciles de estudiar.

➡️ **Uso de IA al 0%**

Resumen del Capítulo

Este capítulo se centró en la necesidad crítica de una política de IA unificada en evolución (PIAUE) dentro de las instituciones educativas. Un enfoque fragmentado de la IA, donde diferentes departamentos o educadores implementan herramientas de IA de manera aislada o inconsistente, puede llevar a confusión, inequidades y oportunidades perdidas. Sin embargo, una estrategia de IA cohesiva a nivel institucional asegura que la IA se utilice de manera efectiva, ética y equitativa en todo el panorama educativo.

El capítulo describió varios beneficios clave de una política de IA unificada:

1. Asegura un Uso Justo: Garantiza un acceso equitativo a las herramientas de IA para todos los estudiantes, ayudando a prevenir disparidades que podrían afectar los resultados de aprendizaje.
2. Promueve el Uso Ético: Establece límites éticos claros y expectativas para el uso responsable de la IA, incluyendo la conciencia de posibles sesgos.
3. Protege la Privacidad: Detalla medidas para proteger datos sensibles, abordando cómo se recopila, utiliza y protege la información de los estudiantes.
4. Fomenta la Alfabetización Digital: Actúa como una herramienta educativa que informa a los estudiantes sobre las capacidades, limitaciones e implicaciones de la tecnología.
5. Mantiene la Integridad Académica: Define estándares con respecto al uso de la IA en el trabajo académico para asegurar que los resultados de los estudiantes reflejen sus verdaderas capacidades.

6. Gestiona Expectativas: Establece pautas claras sobre cómo se deben utilizar las herramientas de IA en el proceso educativo, ayudando en su integración efectiva.

7. Prepara para Desafíos Futuros: Proporciona un marco flexible que puede evolucionar a medida que surjan nuevas tecnologías y desafíos, asegurando que la política siga siendo relevante.

El capítulo también presenta un proceso de seis etapas para desarrollar una política de IA unificada en evolución utilizando principios de pensamiento de diseño:

1. Involucrar a los Interesados (Empatizar): Involucrar a todas las partes relevantes en la creación de políticas para asegurar que satisfaga las necesidades de toda la comunidad escolar.

2. Definir Objetivos y Alcance (Definir): Articular claramente los objetivos y límites de la política.

3. Evaluar Riesgos y Beneficios (Empatizar e Idear): Evaluar las ventajas y riesgos potenciales asociados con el uso de la IA en la educación.

4. Redactar la Política (Prototipar): Utilizar los conocimientos recopilados para formular el documento de política.

5. Revisar y Modificar (Prototipar y Testear): Solicitar retroalimentación para refinar la política, asegurando claridad y practicidad.

6. Implementar y Educar: Implementar la política en toda la escuela, proporcionando la formación y el apoyo necesarios.

Se proporcionó un ejemplo de política de IA unificada para ilustrar cómo estos principios pueden aplicarse en la práctica. Este ejemplo enfatizó el acceso equitativo, el uso ético, la protección de la privacidad y la integridad académica, siendo todos cruciales para fomentar un entorno educativo responsable mejorado por la IA.

El capítulo cerró reconociendo la complejidad de determinar los niveles de uso de la IA en la educación. Se presentó un modelo conceptual que captura la relación compleja entre la IA y el aporte humano, ilustrando cómo pueden coexistir en armonía. Este modelo destaca la naturaleza no lineal y multifacética de la integración de la IA, enfatizando que su uso es más efectivo cuando mejora los objetivos educativos y está estratégicamente alineado con ellos.

Preguntas de Diálogo

1. Evaluación del Impacto: ¿Cómo podría una política de IA unificada en evolución (PIAUE) impactar específicamente tus prácticas de enseñanza y el entorno de aprendizaje en tu aula? Hablen sobre si esta política podría aliviar algún desafío actual al que te enfrentas con la tecnología de IA.

2. Desarrollo de Políticas: Considerando el proceso de seis etapas para desarrollar una política de IA unificada en evolución introducido en el capítulo, ¿qué etapa crees que es la más importante y por qué? ¿Cómo contribuirías personalmente a esta etapa en el proceso de desarrollo de políticas en tu institución?

3. Preparación para el Futuro: A medida que las tecnologías de IA continúan evolucionando, ¿cómo puede una política de IA unificada en evolución permanecer adaptable a los desafíos futuros y los avances tecnológicos? Hablen de estrategias para mantener la política relevante y efectiva a lo largo del tiempo.

Oportunidad de Artefacto

Redactar una Mini Política de IA:

Crea colaborativamente una mini política de IA que tu equipo y tú creen que su institución necesita. Concéntrense en áreas clave como el uso ético de la IA, la privacidad de los datos y la integridad académica. Presenten su política a la administración y hablen de su impacto potencial en las prácticas institucionales.

CAPÍTULO 3
ÉTICA E INTEGRIDAD ACADÉMICA

Educar sin ética es liderar sin brújula.
–GPT-4-128k, 2024

¿Cuáles son las consideraciones éticas del uso de la IA en la educación?

Es innegable que la integración de la IA en entornos educativos trae consigo tanto un potencial transformador como importantes desafíos éticos. Como con cualquier tecnología potente, es esencial implementar la IA considerando cuidadosamente estas implicaciones éticas para así prevenir daños y asegurar que mediante su uso, seguimos alineados con los valores educativos fundamentales.

Muchas organizaciones alrededor del mundo han publicado sus propias éticas, principios y directrices de IA para la educación, incluyendo las siguientes:

1. La Organización de las Naciones Unidas para la Educación, la Ciencia y la Cultura (UNESCO, 2021) desarrolló directrices éticas específicamente para la IA en la educación, poniendo

gran énfasis en la importancia de un enfoque humanista en las políticas de IA y educación. Algunos de sus objetivos principales son proteger los derechos humanos, fomentar habilidades para el desarrollo sostenible y promover una colaboración efectiva entre humanos y máquinas. También se aboga por que la IA sea controlada por humanos y se centre en mejorar las capacidades tanto de estudiantes como de profesores. La guía también recomienda explorar formas de equilibrar el acceso abierto con la privacidad de los datos, asegurando un uso ético y transparente de los datos de los estudiantes. Pide discusiones abiertas sobre la ética de la IA y la privacidad de datos, abordando los posibles impactos negativos en los derechos humanos y la igualdad de género. Las directrices también destacan la necesidad de marcos regulatorios integrales para garantizar el uso ético de la IA, priorizando la privacidad y seguridad de los datos para educadores y estudiantes.

2. La Organización para la Cooperación y el Desarrollo Económicos (OCDE, 2024) estableció Principios de IA, que han sido adoptados por sus países miembros e incluyen directrices éticas relevantes para el uso de la IA en entornos educativos. La recomendación de la OCDE sobre inteligencia artificial delinea principios para el uso responsable IA confiable. Los principios éticos y recomendaciones clave incluyen:

   a. **Crecimiento inclusivo, desarrollo sostenible y bienestar:** Se anima a las partes interesadas a utilizar la IA de manera responsable para fomentar beneficios para la sociedad y el medio ambiente. Esto incluye la mejora de la creatividad, la promoción de la inclusión, la reducción de las desigualdades y la protección de los hábitats naturales.

b. **Respeto al estado de derecho, los derechos humanos y los valores democráticos:** Los profesionales de la IA deben mantener los derechos humanos, defender los valores democráticos y garantizar la equidad en todas las etapas del ciclo de vida del sistema de IA, abordando cuestiones como la discriminación, la privacidad, la protección de datos y la libertad de expresión.

c. **Transparencia y explicabilidad:** El compromiso con la transparencia es esencial, requiriendo que los sistemas de IA sean comprensibles y que sus funcionalidades y limitaciones se comuniquen de manera clara.

d. **Responsabilidad:** Las partes implicadas en la IA deben garantizar el correcto funcionamiento de los sistemas de IA y adherirse a estándares éticos, incluyendo la toma de decisiones rastreable y la gestión sistemática de riesgos.

3. El Grupo de Expertos de Alto Nivel sobre IA de la Comisión Europea ha publicado las "Directrices éticas para una IA confiable", que abarcan consideraciones éticas para aplicaciones de IA en varios dominios, incluida la educación. Las directrices ensalzan tres componentes clave: legalidad, ética y robustez a lo largo del ciclo de vida del sistema de IA. Estas directrices subrayan la importancia de adherirse a principios éticos, respetar la autonomía humana, prevenir daños y garantizar tanto la equidad como la explicabilidad. También destacan la necesidad de abordar posibles tensiones entre estos principios, particularmente en situaciones que involucran a grupos vulnerables o desequilibrios de poder. El documento pone el foco en la naturaleza transformadora y disruptiva de la tecnología de IA, enfatizando una necesidad urgente de construir sistemas de IA que sean dignos de confianza. De este modo, se podría maximizar los beneficios mientras se mitigan los riesgos e impactos adversos.

¿Cómo podemos abordar los desafíos éticos al usar IA?

Los educadores juegan un papel clave en dar forma a cómo se emplean y entienden las herramientas de IA dentro de los contextos educativos. Por lo tanto, es esencial que estemos equipados con el conocimiento y las herramientas necesarias para promover el uso responsable de la IA. Asegurándonos así, que estas tecnologías sirvan como un complemento a los objetivos educativos en lugar de un detrimento.

Imagen generada por DALL·E 3 2024

Los siguientes puntos delinean áreas clave de enfoque para las instituciones que buscan ser efectivas en integrar prácticas éticas de IA:

- Explorar las consideraciones éticas que rodean el uso de la IA en la educación, incluyendo cuestiones de sesgo, privacidad y el impacto en la agencia del estudiante.
- Proporcionar orientación práctica para la comunidad escolar sobre cómo promover el uso responsable de la IA en el aula, incluyendo estrategias para la privacidad de datos, la transparencia algorítmica y la evaluación crítica de las herramientas de IA.
- Hablar sobre la importancia de enseñar a toda la comunidad escolar acerca de la ética en IA y la ciudadanía digital responsable.
- Ofrecer recursos y actividades para que los educadores integren conversaciones sobre ética en IA en su plan de estudios.

Consecuencias no éticas del uso desinformado de la IA

A medida que las tecnologías de IA se integran cada vez más en los entornos educativos, es crucial que las instituciones sean conscientes de los desafíos éticos que plantean. La Figura 3.1 describe ejemplos de algunos de los desafíos éticos de las aplicaciones de IA que todas las instituciones deben tener en cuenta.

Figura 3.1:

Consecuencias no éticas del uso desinformado de la IA

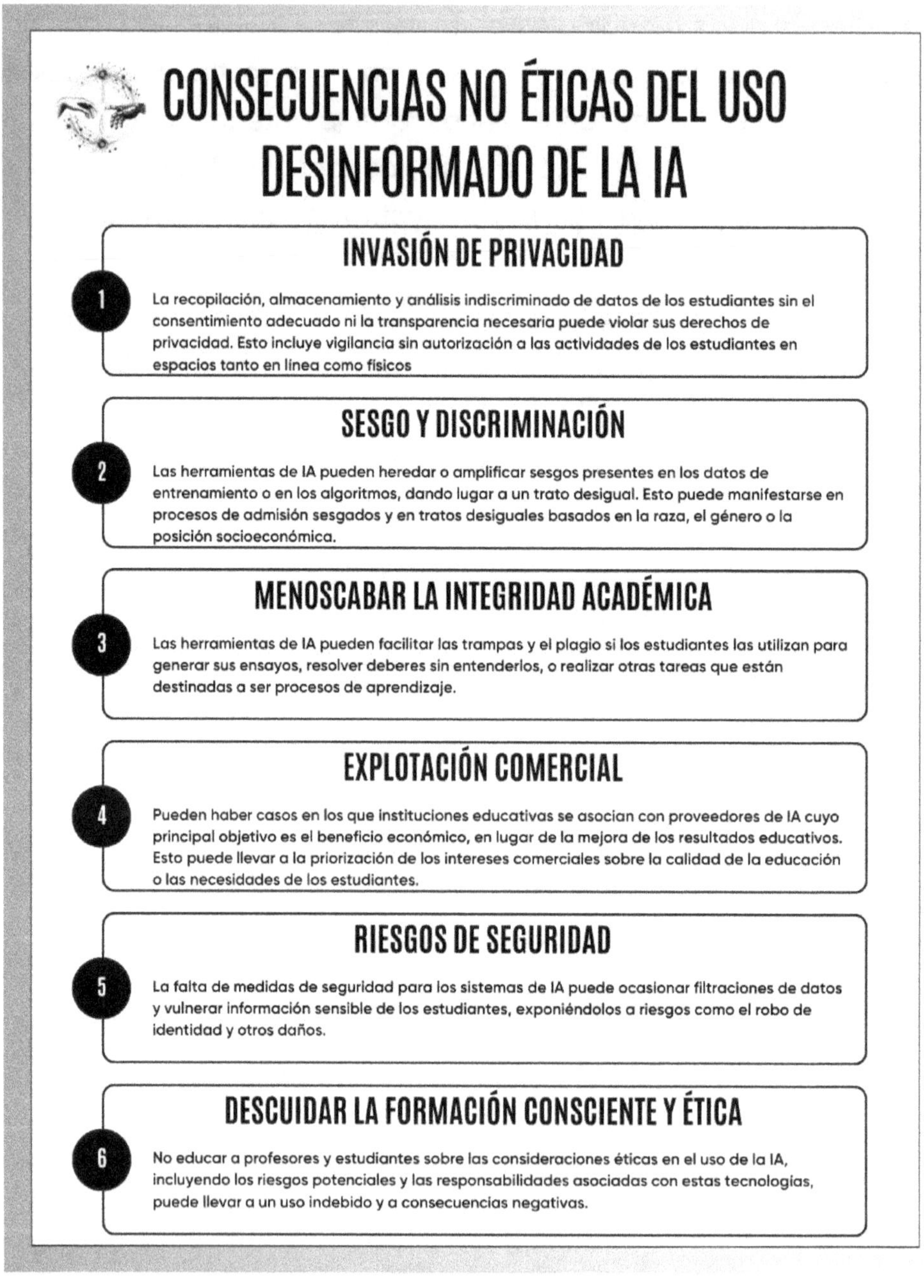

7 Pasos para el Proceso de Toma de Decisiones Éticas

Al estructurar los procesos de toma de decisiones éticas, las instituciones pueden asegurarse de que el uso de la IA se alinee tanto con su misión educativa como con sus obligaciones éticas, fomentando así un ambiente de confianza e integridad.

Las instituciones que integran tecnologías de IA se enfrentan a decisiones éticas complejas que requieren procesos de toma de decisiones estructurados y transparentes. Los siguientes pasos proporcionan pautas sobre cómo estos procesos podrían estructurarse a nivel institucional:

1. Formar Comités o Juntas Éticas

- Composición: Estos comités deben ser diversos, incluyendo miembros de varios departamentos como Tecnología, Asuntos Académicos y Representación Estudiantil, y posiblemente expertos externos en ética y tecnología. Una alternativa sería un comité dirigido por estudiantes que fomente la agencia del alumnado.
- Rol: El comité es responsable de guiar el uso ético de la IA dentro de la institución, tomar decisiones sobre la implementación de la IA y abordar cualquier problema ético que surja de su uso.

2. Desarrollar un Marco y Principios Éticos

- Desarrollo: El comité debe desarrollar un conjunto de principios éticos que guiarán el uso de la IA. Estos principios podrían Incluir equidad, responsabilidad, transparencia y respeto por la privacidad del usuario.

- Aplicación: Estos principios sirven como punto de referencia para todas las decisiones relacionadas con la IA, asegurando que cada acción se alinee con los valores fundamentales y los estándares éticos de la institución.

3. Involucrar la Participación de las Partes Interesadas

- Inclusión: Consultas regulares con un amplio rango de partes interesadas, incluyendo estudiantes, profesores y personal administrativo, aseguran que se consideren diversas perspectivas.
- Mecanismos de Retroalimentación: Estableciendo canales a través de los cuales las partes interesadas puedan expresar preocupaciones o sugerencias sobre el uso de la IA, contribuye a mantener la transparencia y la confianza.

4. Utilizar Evaluaciones de Impacto Ético (EIE)

- Procedimiento: Antes de adoptar cualquier nueva herramienta de IA, se debe realizar una evaluación de impacto ético (EIE). Esta evaluación examina las posibles implicaciones éticas de la tecnología, considerando factores como la privacidad de los datos, los sesgos potenciales y el impacto en la equidad estudiantil.
- Resultados: Los resultados de la EIE pueden llevar a una decisión de proceder/no proceder o pueden requerir modificaciones a la solución de IA para que cumpla con los estándares éticos.

5. Desarrollar e Implementar Políticas

- Elaboración de Políticas: Basándose en el marco ético, se desarrollan políticas específicas que rijan el uso de la IA. Estas políticas abordan cuestiones como la gobernanza de datos, el consentimiento del usuario y la transparencia de los procesos de IA.

- Estrategias de Implementación: Se establecen directrices y procedimientos claros para implementar estas políticas, incluyendo programas de formación y planes de comunicación.

6. Revisar y Actualizar Regularmente

- Monitoreo: El monitoreo continuo de las tecnologías de IA es esencial para garantizar que funcionen según lo previsto sin infracciones éticas.
- Revisión de Políticas: Las políticas éticas deben revisarse regularmente para adaptarse a nuevos desafíos o avances en la tecnología de IA. Esto podría ser anual o semestralmente, dependiendo del ritmo del cambio tecnológico y la experiencia dentro de la institución.
- Adaptación: A medida que evolucionan las tecnologías de IA, las directrices y políticas éticas pueden necesitar actualizarse. Este proceso iterativo asegura que la institución permanezca a la vanguardia del uso ético de la IA.

7. Informar Regularmente y Ser Responsable

- Transparencia: La presentación regular de informes sobre el uso de la IA y sus implicaciones éticas mejora la transparencia. Esto podría incluir un informe ético anual accesible para todas las partes interesadas.
- Responsabilidad: Deben existir mecanismos claros para responsabilizar a individuos y departamentos por infringir las directrices éticas. Esto incluye procedimientos para manejar infracciones e implementar acciones correctivas.

Orientación adicional sobre el Paso 4: Evaluación de Impacto Ético (EIE)

Un enfoque para evaluar el impacto de una herramienta digital específica de IA es utilizar un marco de evaluación de impacto ético (EIE), adaptado de la UNESCO (2023). Es crucial personalizar las preguntas de evaluación para abordar específicamente la implementación y los efectos de la herramienta de IA dentro de su entorno designado. Esto asegura una evaluación bien enfocada que está directamente relacionada con el uso de la herramienta y sus posibles consecuencias.

1. Propósito y Objetivos:

- ¿Qué objetivos específicos se pretenden lograr con esta herramienta de IA?
- ¿En qué contextos específicos y por quién será utilizada esta herramienta de IA?

2. Participación de las Partes Implicadas:

- ¿Has identificado a todas las partes implicadas directa e indirectamente afectadas por la implementación de esta herramienta de IA?
- ¿Qué métodos se utilizarán para recopilar e incorporar la retroalimentación de estas partes interesadas en el desarrollo y refinamiento continuo de la herramienta de IA?

3. Principios Éticos:

- ¿De qué manera la herramienta de IA asegura la adherencia a principios éticos como la transparencia, la responsabilidad y la equidad?
- ¿Cómo se identifican y abordan los posibles sesgos en los conjuntos de datos o algoritmos?

4. Impacto en la Sociedad:

- ¿Cuáles son las contribuciones positivas anticipadas de la herramienta de IA a la sociedad?
- ¿Hay efectos adversos previsibles en la sociedad, y cómo de significativos podrían ser?

5. Impacto en el Medio Ambiente:

- ¿Cuáles son las implicaciones ambientales de implementar esta herramienta de IA?
- ¿Qué medidas proactivas se usan para mitigar cualquier impacto ambiental negativo?

6. Privacidad y Seguridad de los Datos:

- ¿Qué prácticas específicas hay establecidas para proteger la privacidad de los datos a lo largo del ciclo de vida de la herramienta de IA?
- ¿Cuáles son los protocolos de seguridad para salvaguardar datos sensibles contra violaciones?

7. Supervisión y Control Humano:

- ¿Qué nivel de supervisión humana está integrado en la operación de la herramienta de IA?
- ¿Cómo pueden los usuarios tomar control sobre las decisiones tomadas por la herramienta de IA?

8. Estrategias de Mitigación:

- ¿Qué acciones específicas están planeadas para mitigar cualquier impacto negativo identificado?
- ¿Qué mecanismos están funcionando para monitorear y evaluar la efectividad de estas estrategias de mitigación?

9. Cumplimiento y Responsabilidad:

- ¿Cómo cumple la herramienta de IA con los estándares legales y regulatorios aplicables?
- ¿Quién es responsable de abordar cualquier problema ético o resultado negativo que surja al usar la herramienta de IA?

10. Monitoreo y Evaluación Continua:

- ¿Qué procesos se han establecido para el monitoreo y evaluación continua del impacto ético de la herramienta de IA?
- ¿Cómo se actualizará o modificará la herramienta basada en los hallazgos de las revisiones éticas continuas?

Estas preguntas están diseñadas para proporcionar una visión general completa de las consideraciones éticas asociadas con la implementación de una herramienta específica de IA. De este modo, se asegura que su uso cumpla con estándares éticos más amplios y expectativas sociales.

Ejemplo de Procesos de 6 Pasos para el Proceso de Toma de Decisiones Éticas en Escuelas (Ideas de GPT-4-128k)

Escuela Primaria: Comité de Ética de IA Dirigido por Estudiantes

Escenario: La Escuela Primaria Pine Grove ha introducido herramientas de aprendizaje impulsadas por IA en sus aulas. Para asegurar que estas herramientas se utilicen éticamente y promuevan la inclusividad, la escuela estableció un Comité de IA Ética dirigido por estudiantes.

Composición:

- El comité está compuesto principalmente por estudiantes de 1o a 5o de Primaria, elegidos en base a su interés en la tecnología y cualidades de liderazgo.
- Incluye un profesor asesor (en este caso, la profesora de tecnología) y un enlace con los padres para proporcionar orientación y asegurar que se cumple con los objetivos educativos y estándares éticos.

Rol:

- El comité se reúne mensualmente para tratar cómo se están utilizando las herramientas de IA en el aula y compartir cualquier preocupación o sugerencia de sus compañeros.
- Se enfocan en asegurar que las herramientas de IA no excluyan a ningún estudiante, especialmente aquellos con discapacidades de aprendizaje o acceso limitado a tecnología en sus casas.

Actividades:

- Organizar visitas a las aulas para recopilar comentarios sobre el uso de la IA y comprender diferentes experiencias y preocupaciones.
- Organizar talleres simples y enfocados a los estudiantes explicando qué es la IA y cómo debe usarse responsablemente.
- Crear pósteres y presentaciones en el aula promoviendo valores éticos relacionados con la IA, como la equidad y la privacidad.

Resultado:

- El comité presenta un informe semestral a la junta escolar, resumiendo sus hallazgos y recomendaciones, asegurando que la voz de los implicados más jóvenes sea escuchada en las decisiones sobre el uso de la IA.

Enseñando a los Estudiantes sobre el Plagio y la Citación Adecuada

En la búsqueda de mantener la integridad académica, algunos educadores han recurrido a herramientas de detección de IA como un elemento disuasorio contra el engaño y el plagio, y sabemos que esta estrategia simplemente no funciona. La fiabilidad variable de estas herramientas de detección significa que a menudo no dan en el blanco, lo que lleva a una represión menos efectiva de las prácticas deshonestas.

En el momento de escribir este libro, los sistemas de detección de IA son frecuentemente un acierto o un error, fallando en identificar de manera confiable todos los ejemplos de deshonestidad académica. La investigación realizada por Feizi y Huang (2023) en la Universidad de Maryland reveló que los detectores de IA actuales resultan en "tasas muy altas de falsos positivos" y pueden ser evadidos con técnicas simples como la paráfrasis. El estudio destacó que ningún detector de IA actualmente disponible cumple con los estándares necesarios de precisión y confiabilidad para aplicaciones prácticas, como identificar trampas.

Consejo Práctico – Evitar Depender de Herramientas de Detección de IA Debido a su Inexactitud

Las herramientas de detección de IA, a menudo utilizadas para identificar el plagio o el engaño, pueden ser inexactas y conducir a falsos positivos o negativos. Estas herramientas pueden fallar en reconocer matices contextuales y no siempre son transparentes en su análisis.

Experimentos adicionales realizados por Weber-Wulff, Anohina-Naumec, Bjelobaba, et al. (2023) indicaron niveles de rendimiento variables entre los detectores de IA, llevando a la conclusión de que es razonable esperar que los estudiantes encuentren formas de evadir cualquier herramienta de detección de IA, sin importar cuán avanzada sea.

En lugar de depender únicamente de estas tecnologías falibles, una estrategia más robusta implicaría cultivar una base ética sólida en nuestros estudiantes. Al darle importancia a la integridad académica y la conducta honesta, enseñamos a los alumnos no solo a evitar el engaño con IA, sino también a navegar las complejidades de un futuro cada vez más impulsado por la IA.

Enseñar a los estudiantes acerca del plagio es crucial para fomentar la integridad académica y el respeto por la propiedad intelectual. Esto implica explicar que el plagio es el acto de usar el trabajo de otra persona —ya sea de un libro, artículo o fuente en línea— sin el reconocimiento adecuado.

Es esencial destacar la importancia de citar todas las fuentes con precisión, ya sea al citar directamente, parafrasear o incluso utilizando una idea que influyó en su trabajo. También es bueno familiarizar a los alumnos con varios estilos de citación, como APA, MLA o Chicago.

Referenciando y Citando Material Generado por IA

Referenciar y citar contenido generado por IA implica reconocer que el contenido fue producido por un sistema de IA, lo que asegura la transparencia y mantiene la integridad académica. Aquí hay algunos pasos y consideraciones para citar correctamente el texto generado por IA:

1. Identificar la Herramienta de IA: Indicar claramente el nombre de la herramienta de IA utilizada para generar el texto, como "GPT-4-128 de OpenAI", "Claude-3-Opus de Anthropic", etc.
2. Incluir la Fecha: Proporcionar la fecha en que se creó el contenido generado por IA, ya que las salidas pueden variar con el tiempo debido a actualizaciones o cambios en el modelo.
3. Mencionar la Organización: Si es aplicable, incluir la organización responsable de la herramienta de IA, como "Generado por GPT-4-128k de OpenAI, una herramienta desarrollada por OpenAI."
4. Describir la Contribución: Si la herramienta de IA se utilizó como parte de un trabajo más amplio, describir cómo contribuyó. Por ejemplo, "El borrador inicial fue generado por Claude-3-Opus y posteriormente fue editado y verificado por autores humanos."
5. Usar un Formato de Citación Estándar: Adaptar la citación para que se ajuste a los formatos de citación académica estándar (APA, MLA, Chicago, etc.).

Siguiendo estas pautas, se puede citar con precisión y éticamente el texto generado por IA en contextos académicos y profesionales.

Aquí hay ejemplos del posible aspecto de las diferentes metodologías de citación, obtenidos de la Universidad de Purdue https://guides.lib.purdue.edu/c.php?g=1371380&p=10135074:

APA

Directriz: https://apastyle.apa.org/blog/how-to-cite-chatgpt

Ejemplos:

- Formato APA: OpenAI. (Año). ChatGPT (versión del Día Mes) [Modelo de lenguaje grande]. https://chat.openai.com
- Entrada de referencia APA: OpenAI. (2023). ChatGPT (versión del 13 de febrero) [Modelo de lenguaje grande]. https://chat.openai.com
- Citación en el texto APA: (OpenAI, 2023)

Ejemplo 1 de la Directriz APA

Cuando se le preguntó "¿La división cerebro izquierdo-cerebro derecho es real o una metáfora?", el texto generado por ChatGPT indicó que aunque los dos hemisferios cerebrales están algo especializados, "la noción de que las personas pueden ser caracterizadas como 'de cerebro izquierdo' o 'de cerebro derecho' se considera una simplificación excesiva y un mito popular" (OpenAI, 2023).

Referencia
OpenAI. (2023). ChatGPT (versión del 14 de marzo) [Modelo de lenguaje grande]. https://chat.openai.com/chat

MLA

Directriz: https://style.mla.org/citing-generative-ai/

Ejemplos:

- Formato MLA: "Texto del prompt" prompt. ChatGPT, versión del Día Mes, OpenAI, Día Mes Año, chat.openai.com.
- Entrada de Obras Citadas MLA: "Explicar antibióticos" prompt. ChatGPT, versión del 13 de febrero., OpenAI, 16 feb. 2023, chat.openai.com.
- Citación en el texto MLA: ("Explicar antibióticos")

Chicago

Recomendaciones sobre cómo citar contenido generado por IA

Ejemplo:

- El estilo Chicago recomienda citar ChatGPT en una nota Chicago al pie de página.
- Texto generado por ChatGPT, 31 de marzo de 2023, OpenAI, https://chat.openai.com.

Cómo Mitigar el Plagio

El plagio es una preocupación seria en entornos académicos y profesionales, menoscabando la integridad del trabajo y la credibilidad de los individuos. Como educadores y profesionales, es crucial fomentar un ambiente que promueva la originalidad y las prácticas éticas. Al implementar estrategias efectivas, podemos ayudar a los estudiantes y compañeros de profesión a entender la importancia de producir trabajo auténtico y proveerlos de las herramientas para evitar el plagio. Aquí tenemos algunos consejos prácticos para ayudar a mitigar el plagio y fomentar una cultura de honestidad y creatividad.

Consejo 1: Proporciona recursos y apoyo para asegurar que el alumnado tenga acceso a recursos que les ayuden a entender cómo usar las herramientas de IA de manera responsable y citar fuentes correctamente. Ofrece talleres o sesiones sobre habilidades de investigación y escritura académica. Además, enseñar técnicas de citación adecuadas y la importancia de dar crédito donde corresponde, puede ser beneficioso a la hora de cultivar una cultura de integridad académica y respeto por la propiedad intelectual.

Consejo 2: Céntrate en el proceso de aprendizaje y creación en lugar de solo en el producto final. Anima a los estudiantes a involucrarse profundamente en sus temas de investigación, fomentando un sentido de propiedad y conexión personal con su trabajo. Pide borradores durante las clases para permitir un seguimiento cercano del desarrollo del estudiante y así proporcionar retroalimentación dirigida. Este enfoque proactivo no solo ayuda a detectar posible plagio, sino que también apoya a los estudiantes en perfeccionar sus habilidades de escritura y refuerza la importancia de la honestidad académica. Esto también permite seguir de cerca cualquier cambio abrupto en el estilo de escritura o mejoras repentinas en la calidad del contenido.

Consejo 3: Entiende a tus estudiantes y sus estilos de comunicación únicos. Al formar una relación sólida y reconocer la voz distintiva de cada estudiante, podemos discernir mejor su trabajo auténtico.

Consejo 4: Fomenta el análisis crítico asignando tareas que requieran que los estudiantes apliquen su comprensión de formas nuevas y únicas, lo cual hará que las herramientas de IA no puedan replicarlas fácilmente. Esto podría incluir reflexiones personalizadas, presentaciones en clase o proyectos que requieran sintetizar información de múltiples fuentes.

Consejo 5: Usa un ´Viva Voce´, para promover la honestidad académica. Este método de examen oral involucra a los estudiantes directamente, requiriendo que articulen su comprensión y defiendan su trabajo en tiempo real. Tal interacción cara a cara no solo reduce las oportunidades de prácticas deshonestas, sino que también fomenta una comprensión más profunda del tema. Al obligar a los estudiantes a explicar su razonamiento y procesos de pensamiento, el ´Viva Voce´ ayuda a asegurar la integridad de sus logros académicos, fomentando una cultura de transparencia y responsabilidad en el proceso educativo.

Consejo 6: Promueve la integridad académica fomentando una cultura de honestidad e integridad dentro del aula. Anima a los estudiantes a sentirse orgullosos de su trabajo original y ver la honestidad académica como un rasgo de carácter valioso. Esto se puede reforzar a través de conversaciones en clase, compromisos de integridad o integrando estos valores en el plan de estudios.

Consejo 7: Aclara expectativas y consecuencias al comienzo del curso y con regularidad después. Aclara las reglas con respecto al plagio y el uso de herramientas digitales basadas en una política de IA unificada, de la que hablamos en el capítulo anterior. Asegúrate de que los estudiantes entiendan lo que se considera comportamiento aceptable e inaceptable, incluyendo cómo y cuándo se pueden usar las herramientas de IA para sus tareas.

La Figura 3.2 resume estos consejos, proporcionando una referencia conveniente que los maestros pueden imprimir para un acceso más fácil.

Figura 3.2:

Consejos para Mitigar el Plagio

Qué Hacer si Sospechas de Plagio en un Borrador

- Adopta Prácticas Restaurativas: Habla de enfoques para manejar ejemplos de plagio que se centren en el aprendizaje y la restauración en lugar de solo el castigo. Incluye métodos para ayudar a los estudiantes a aprender de sus errores y entender la importancia de la honestidad académica.

- Ten una Conversación Individual con el Estudiante: Organiza una reunión privada con el estudiante para hablar del problema. Presenta tus hallazgos clara y calmadamente. Pide al estudiante que explique cómo se compiló el trabajo y escucha su versión de la historia. Este puede ser un momento educativo en lugar de puramente punitivo. Si sospechas de plagio o uso inadecuado de IA, involucra al estudiante en un diálogo reflexivo. Pídele que hable del proceso de pensamiento detrás de su trabajo y cómo usó herramientas externas. Esto puede ayudarle a entender sus errores y aprender de ellos.

- Ofrece Segundas Oportunidades: Cuando sea apropiado, permite a los estudiantes revisar su borrador plagiado después de hablar del problema. Este enfoque pone énfasis en el aprendizaje y la mejora sobre el castigo, ayudando a los estudiantes a reconocer y corregir sus errores.

- Proporciona Retroalimentación Constructiva: Ofrece orientación sobre cómo el estudiante puede rectificar la situación. Esto podría implicar reescribir el trabajo, proporcionar las citas correctas o completar una tarea adicional sobre plagio y citación. El objetivo es educarlos sobre por qué el plagio es dañino y cómo pueden evitarlo en el futuro.

Consejo Práctico: ¡Nunca dejes que llegue a la etapa de plagio en una tarea final si puedes evitarlo!

Siempre aborda la prevención del plagio desde el principio para evitar problemas con las tareas finales. Implementa pautas claras y proporciona recursos sobre prácticas adecuadas de citación e investigación ética desde el inicio, asegurando que los estudiantes entiendan y se adhieran a los estándares de integridad académica a lo largo de su trabajo.

Resumen del Capítulo

El Capítulo 3 se centró en las consideraciones éticas necesarias al integrar la IA en entornos educativos, enfatizando tanto los beneficios potenciales como los riesgos inherentes. También destacó el papel crítico de los educadores en asegurar que las tecnologías de IA se implementen de manera responsable para apoyar los objetivos educativos sin comprometer los estándares éticos.

Desafíos Éticos Clave:

El capítulo describió varios desafíos éticos asociados con la IA en la educación, incluyendo los siguientes:

- **Preocupaciones de Privacidad:** Surgen problemas por el potencial de prácticas invasivas de recolección de datos sin el consentimiento adecuado.
- **Sesgo y Discriminación:** Los sistemas de IA pueden perpetuar sesgos existentes, llevando a un trato injusto del alumnado.
- **Integridad Académica:** Existe el riesgo de que las herramientas de IA se utilicen para hacer trampa y plagiar.
- **Explotación Comercial:** Los acuerdos con proveedores de IA podrían priorizar las ganancias sobre la calidad educativa.
- **Riesgos de Seguridad:** La seguridad débil en los sistemas de IA puede llevar a violaciones de datos.
- **Falta de Formación Ética:** Un énfasis insuficiente en la enseñanza del uso ético de la IA puede llevar al mal uso.

Marco de Toma de Decisiones Éticas:

Para abordar estos desafíos, el capítulo recomienda establecer marcos éticos robustos dentro de las instituciones educativas, incluyendo lo siguiente:

- **Comités Éticos:** Formar comités diversos para supervisar la implementación de la IA y abordar cuestiones éticas.
- **Participación de las Partes Interesadas:** Involucrar a un amplio espectro de partes interesadas para asegurar perspectivas diversas en las decisiones relacionadas con la IA.
- **Evaluaciones de Impacto Ético (EIE):** Realizar evaluaciones para evaluar las implicaciones éticas de las nuevas herramientas de IA.
- **Desarrollo de Políticas:** Elaborar e implementar políticas basadas en principios éticos establecidos.
- **Revisión y Adaptación Regular:** Monitorear y actualizar continuamente las políticas para adaptarse a nuevos desafíos y avances en IA.
- **Informes y Responsabilidad:** Asegurar la transparencia y responsabilidad en el uso de la IA a través de informes regulares y mecanismos claros para abordar infracciones éticas.

Orientación Práctica para Educadores:

Se proporciona a los educadores consejos prácticos sobre cómo promover el uso responsable de la IA:

- **Integrar la Ética de la IA en el Plan de Estudios:** Las sugerencias incluyen enseñar a los estudiantes sobre la ética de la IA y la ciudadanía digital responsable.
- **Mitigar la Deshonestidad Académica:** Estrategias para combatir el plagio y el engaño, como promover una cultura de integridad académica y utilizar herramientas como ¨Viva Voce¨ para autenticar el conocimiento de los estudiantes.

Preguntas de Diálogo

1. Definiendo Límites Éticos: ¿Cómo defines los límites éticos para el uso de la IA en tu propio entorno educativo? Habla de los posibles dilemas éticos a los que te podrías enfrentar con la integración de la IA y cómo éstos pueden ser abordados de acuerdo con los principios descritos en el capítulo.

2. Rol de los Comités Éticos: Si tu escuela fuera a establecer un Comité Ético para supervisar el uso de la IA, ¿qué roles y responsabilidades le asignarías? ¿Quién debería ser incluido en este comité para asegurar una representación diversa y completa de las partes interesadas?

3. Promoviendo la Integridad Académica: Habla de estrategias que podrían reducir efectivamente las situaciones de plagio y engaño facilitadas por las herramientas de IA. ¿Cómo pueden los educadores fomentar una comprensión más profunda y un compromiso con la integridad académica entre los estudiantes en un entorno cada vez más dominado por herramientas digitales?

Oportunidad de Artefacto

Panel de Revisión Ética:

Formen un panel de revisión ética compuesto por compañeros de diferentes departamentos. Encarguen al panel la tarea de evaluar una forma de uso de la IA dentro de la institución (puede ser actual o propuesta). El panel debe evaluar las implicaciones éticas, los sesgos potenciales y las preocupaciones de privacidad asociadas con la herramienta de IA. Después de la revisión, presenten los hallazgos y recomendaciones a la comunidad escolar e inviten a que se compartan perspectivas y se tome acción.

PARTE 2

COMPROMISO DEL EDUCADOR: EMPODERANDO A LOS PROFESORES

¿CÓMO PODEMOS AMPLIFICAR LA AGENCIA DOCENTE A TRAVÉS DE UNA INTEGRACIÓN EFICAZ DE LA IA, AHORRANDO TIEMPO Y AGILIZANDO EL FLUJO DE TRABAJO?

Imagen generada por DALL·E 3, 2024

CAPÍTULO 4

MAPEANDO EL VIAJE: ENTENDIENDO LAS ETAPAS EN LA ADOPCIÓN DE LA IA

Todos los grandes logros requieren tiempo.
—Maya Angelou, memorialista,
poeta y activista de derechos civiles estadounidense

¿Dónde estoy en mi camino de integración de la IA?

Hansei: El Arte de la Autorreflexión y el Crecimiento En la búsqueda del crecimiento personal y profesional, el concepto de hansei —un término japonés para la autorreflexión— juega un papel esencial. Hansei es más que una pausa momentánea para pensar en las propias acciones; es una práctica cultural profundamente arraigada que implica reconocer los errores, entender su impacto y tomar medidas concretas para mejorar.

La importancia del hansei radica en su poder para fomentar la mejora continua. Al autorreflexionar con regularidad, las personas pueden identificar áreas donde se han quedado cortos y desarrollar estrategias para abordar estas deficiencias. Este proceso no solo mejora la responsabilidad personal, sino que también fomenta una mentalidad de aprendizaje permanente.

En entornos educativos, el hansei puede ser una herramienta transformadora tanto para educadores como para estudiantes. Los educadores que practican la autorreflexión pueden comprender mejor sus métodos de enseñanza, reconocer lo que funciona bien y lo que no, y adaptar sus estrategias para satisfacer las necesidades del alumnado de

Imagen generada por DALL·E 3, 2024

manera más efectiva. Para los estudiantes, el hansei promueve el pensamiento crítico y la autoconciencia, ayudándoles a tomar posesión de su experiencia de aprendizaje y desarrollar resiliencia frente a los desafíos que se les presenten.

La metacognición y la autorreflexión son componentes críticos en el aprendizaje. Al comprender los propios procesos de pensamiento y la posición en el viaje de aprendizaje, las personas pueden navegar efectivamente las complejidades de la integración de la IA. Esta autoconciencia nos permite reconocer nuestras competencias y limitaciones actuales, permitiéndonos identificar áreas específicas donde requerimos conocimiento o habilidades extra.

Desde esta perspectiva, los educadores pueden adaptar sus caminos de aprendizaje para aprovechar mejor el potencial de la IA, abordando brechas y aprovechando fortalezas. En última instancia, fomentar la metacognición empodera a los alumnos para tomar decisiones informadas y dar pasos significativos hacia adelante en la integración de la IA en sus prácticas.

El viaje de adopción de la Pedagogía Potenciada por IA puede entenderse efectivamente a través de un marco de cuatro etapas: Sobrevivir, Esforzarse, Prosperar y Llegar, como se ve en la figura 4.1. Este marco estructurado proporciona una potente herramienta para la autorreflexión y el crecimiento profesional, permitiendo a los educadores e instituciones evaluar su utilización actual de las tecnologías de IA y planificar estratégicamente su progresión a través de las etapas.

Cada etapa representa un nivel diferente de competencia y uso de la IA—desde lidiar inicialmente con la implementación básica (Sobrevivir), hasta aprender activamente y refinar su uso (Esforzarse y Prosperar), y, finalmente, transformar el plan de estudios y pedagogía (Llegar).

Hace unos años, estaba colaborando con profesores en una escuela internacional que acababa de contratar a un nuevo director. Una noche durante la cena, me confió que se sentía completamente abrumado e inadecuado, constantemente apagando incendios y atascado en modo de supervivencia desde que llegó. ¡Noté que estaba constantemente corriendo de reunión en reunión y siempre muy estresado y agitado! Incluso durante la cena, estaba constantemente en su teléfono, revisando mensajes. ¡Y encima era después del Covid! Él creía de verdad que no estaba haciendo un buen trabajo. Entonces le enseñé el modelo de cuatro etapas para integrar nuevos sistemas: comenzando con el modo ¨apagafuegos¨ —Sobrevivir—y luego pasando a Esforzarse, Prosperar y Llegar.

Mientras miraba el gráfico, vi una ola de alivio inundar su rostro. El modelo le aseguró que comenzar en modo supervivencia es una parte natural en la mayoría de los viajes. Al darse cuenta de que progresar a través de estas etapas era normal, especialmente como director de una nueva escuela, se sintió con más confianza y motivación. Abrazando cada fase, entendió que la mejora gradual conduciría a una transformación educativa significativa.

Al embarcarte en la integración de la IA en tus prácticas de enseñanza, entender estas etapas es crucial. Al reflexionar sobre dónde te encuentras actualmente en la adopción de tecnologías de IA y visualizar hacia dónde te diriges, te equipas para tomar decisiones más informadas y adaptarte de manera más efectiva a los cambios. Esta autoconciencia es clave no sólo para aprovechar las nuevas tecnologías, sino también para mejorar tus estrategias pedagógicas de una manera que satisfaga las necesidades evolutivas de tus estudiantes. Exploremos cómo cada etapa de adopción de la IA puede ayudarte a refinar tu enfoque y transformar tu entorno educativo.

Las Etapas de Adopción de la Pedagogía Potenciada por IA

Integrar cualquier tecnología en la educación es más como un viaje con múltiples etapas cíclicas. A medida que los educadores y las escuelas comienzan a usar nuevas herramientas digitales, incluida la IA, a menudo se ven moviéndose a través de cuatro etapas clave. Pero aquí está la parte interesante: estas etapas no son una línea recta. En su lugar, se enlazan en un ciclo, reflejando cómo las necesidades en la educación y las capacidades de la tecnología siguen evolucionando. Esto significa que los colegios y las personas pueden moverse hacia adelante y hacia atrás entre etapas mientras descubren lo que funciona mejor. En este patrón cíclico, se trata realmente de mantenerse adaptable y asegurarse de que a medida que la tecnología cambia, la forma en que enseñamos cambie con ella. Así que mientras nos sumergimos en estas cuatro etapas de adopción de herramientas de IA en la educación, piensa en este proceso como dibujar un camino flexible e iterativo para utilizar la IA para mejorar el aprendizaje.

La Figura 4.1 ilustra las cuatro etapas de adopción de la IA.

Figura 4.1:

Las Etapas de Adopción de la IA

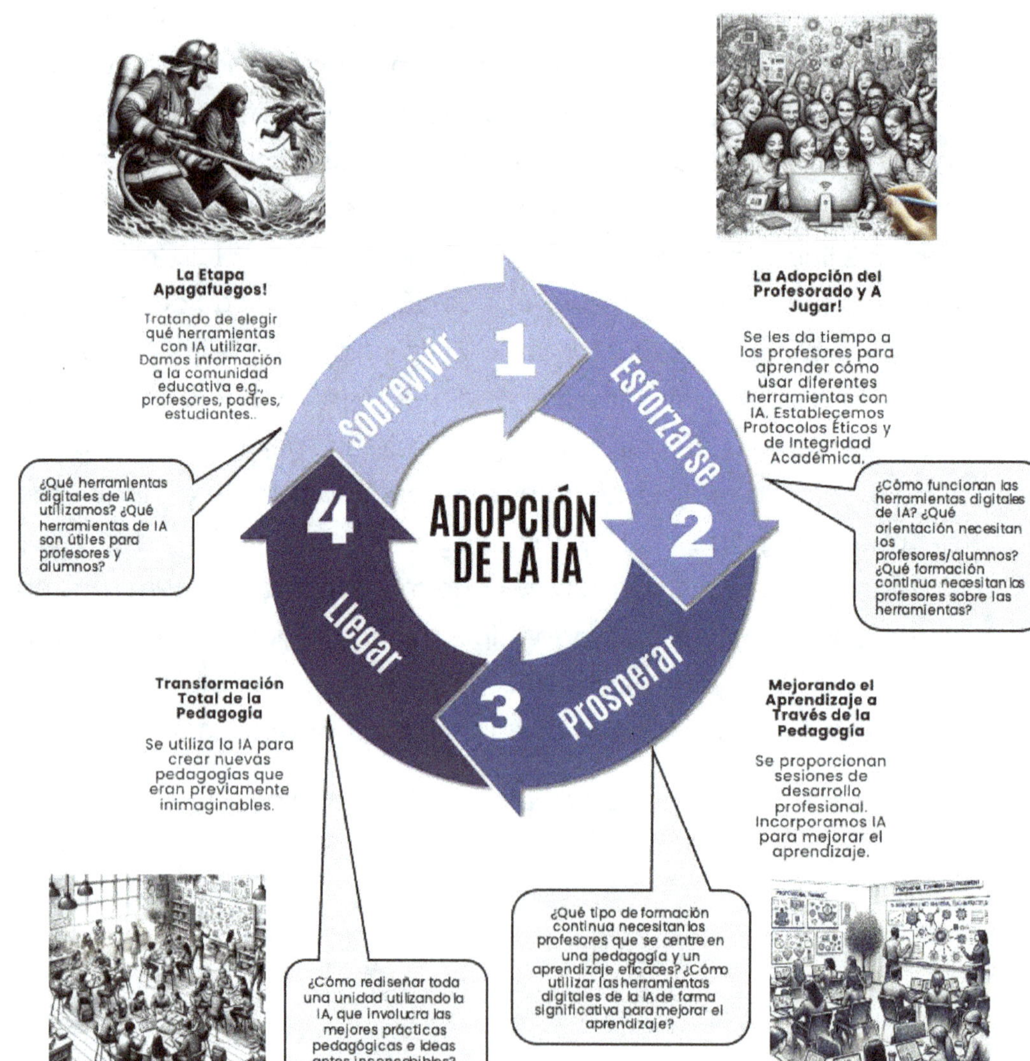

Ten en cuenta que es normal y esperado que los maestros vuelvan a etapas anteriores, como la etapa de Sobrevivir, cada vez que se presentan nuevas herramientas o las herramientas existentes evolucionan. Este proceso cíclico apoya la adaptación continua y el dominio a lo largo del tiempo. Cada bucle a través de las etapas permite una comprensión más profunda, habilidades más refinadas y una mayor integración de la IA en las prácticas pedagógicas, contribuyendo al crecimiento profesional continuo y la innovación educativa. Este enfoque asegura que los educadores permanezcan ágiles y receptivos al cambiante panorama de la tecnología en la educación.

La primera etapa, Sobrevivir, se trata de evaluar y elegir herramientas digitales de IA que se alineen con los objetivos educativos. También implica mantener a los maestros, padres y estudiantes informados con actualizaciones e información clave para prepararlos para nuevas integraciones tecnológicas.

La segunda etapa es Esforzarse, en la cual el enfoque está en la adopción y el tiempo de juego del maestro. Aquí debe haber tiempo dedicado para que los maestros exploren y dominen las herramientas digitales, mejorando su comodidad y competencia. Esta etapa incluye establecer una base sólida en ciudadanía digital para interacciones en línea responsables y éticas, así como desarrollar y hacer cumplir protocolos para mantener la integridad académica y la netiqueta adecuada.

La tercera etapa es Prosperar, que implica usar herramientas de IA para mejorar el aprendizaje a través de la pedagogía. En esta etapa, se proporcionan sesiones de aprendizaje profesional enfocadas en integrar herramientas de IA en prácticas de enseñanza innovadoras. Esta etapa tiene como objetivo implementar la IA de manera que mejore significativamente la experiencia de aprendizaje, asegurando que la tecnología apoye los objetivos educativos con efectividad.

La cuarta (y no necesariamente final) etapa en el marco, Llegar, facilita la adopción sistemática de la IA mientras alinea su uso con los objetivos generales de las instituciones educativas, fomentando en última instancia un entorno de aprendizaje más efectivo e innovador. A través de esta progresión, los educadores experimentan un desarrollo profesional significativo, equipándose con las habilidades necesarias para navegar y beneficiarse del panorama evolutivo de la tecnología educativa.

Las flechas en este gráfico destacan la naturaleza dinámica y evolutiva de la adopción de tecnología en la educación, permitiendo flexibilidad y desarrollo continuo a medida que los profesores se mueven repetidamente por estas etapas.

Consejo Práctico: Las Etapas de Adopción de la Pedagogía Potenciada por IA son Cíclicas e Iterativas

Recuerda, las etapas de adopción de la IA—Sobrevivir, Esforzarse, Prosperar y Llegar—no son lineales sino cíclicas e iterativas. Es completamente normal volver a visitar etapas anteriores a medida que surgen nuevas tecnologías o cambia tu contexto de enseñanza. Abraza esta flexibilidad como una parte natural del crecimiento y la adaptación en la tecnología educativa. Este proceso iterativo te permite refinar y mejorar continuamente tu uso de la IA, asegurando que tus estrategias de enseñanza se mantengan efectivas y receptivas tanto a los avances tecnológicos como a las necesidades educativas.

La Figura 4.2 proporciona un resumen de cada una de las cuatro etapas en la adopción de la pedagogía potenciada por IA que puedes imprimir para una fácil referencia y usar como una guía visual durante sesiones de planificación o talleres de desarrollo profesional.

Figura 4.2:

Versión imprimible de las Cuatro Etapas de Adopción de la Pedagogía Potenciada por IA

Las Cuatro Etapas de Adopción de la Pedagogía Potenciada por IA

1. Sobrevivir: La Etapa Apagafuegos

Pasos Clave:

- Selección de Herramientas: Evaluar y seleccionar herramientas digitales de IA que sean adecuadas para cumplir los objetivos educativos.
- Participación de la Comunidad: Proporcionar activamente actualizaciones e información importante a todos los miembros de la comunidad escolar, incluidos maestros, padres y estudiantes, para prepararlos para nuevas integraciones tecnológicas.

2. Esforzarse: Adopción del Profesorado y A Jugar!

Pasos Clave:

- Aprendizaje Práctico: Asignar tiempo dedicado para que los profesores exploren y se familiaricen con el uso de varias herramientas digitales, mejorando su comodidad y competencia.
- Configuración de Ciudadanía Digital: Construir una base sólida en ciudadanía digital para asegurar interacciones en línea responsables y éticas.
- Protocolos de Integridad y Ética: Crear y aplicar protocolos enfocados en mantener la integridad académica y la netiqueta adecuada.

3. Prosperar: Mejorando el Aprendizaje a Través de la Pedagogía

Pasos Clave:

- Desarrollo Profesional: Ofrecer sesiones de desarrollo profesional que se centren en integrar herramientas de IA en prácticas pedagógicas innovadoras.
- Mejora Pedagógica: Implementar la IA de manera que apoye y mejore significativamente la experiencia de aprendizaje, asegurando que la tecnología apoye eficazmente a los objetivos educativos.

4. Llegar: Transformación Total de la Pedagogía

Pasos Clave:

- Integración Innovadora: Adoptar herramientas de IA para explorar y establecer nuevos métodos pedagógicos que antes eran inimaginables, transformando así las prácticas educativas.
- Evolución Continua: Promover una cultura de aprendizaje y adaptación continuos, donde las herramientas de IA se reevalúan y refinan constantemente para alinearse con un panorama educativo en evolución.

Todas las imágenes han sido generadas usando DALL·E 3, 2024

Los educadores e instituciones pueden encontrarse revisitando estas etapas múltiples veces mientras se adaptan a nuevas tecnologías, aprenden de experiencias y se esfuerzan continuamente por mejorar y transformar las prácticas educativas con la IA. Este modelo cíclico apoya un enfoque flexible y adaptativo para la adopción de tecnología en la educación.

La Figura 4.3 es una herramienta de autorreflexión para que rastrees en qué etapa te encuentras en un momento determinado.

Figura 4.3:

Herramienta de Autorreflexión para la Adopción de IA

Herramienta de Autorreflexión para Maestros: Las Cuatro Etapas de Adopción de la Pedagogía Potenciada por IA

Todas las imágenes han sido generadas usando DALL·E 3, 2024

1. Sobrevivir: La Etapa Apagafuegos

¿Qué herramientas digitales de IA usamos?

¿Qué herramientas de IA son útiles para maestros y estudiantes?

¿A qué herramientas nos vamos a suscribir como escuela?

2. Esforzarse: La Adopción del Profesorado y A Jugar!

¿Cómo funcionan las herramientas digitales de IA?

¿Qué orientación necesitan los maestros/estudiantes?

¿Qué Desarrollo Profesional necesitan los maestros sobre las herramientas?

3. Prosperar: Mejorando el Aprendizaje a Través de la Pedagogía

¿Qué Desarrollo Profesional necesitan los maestros que se centre en la pedagogía y el aprendizaje efectivos?

¿Cómo usar las herramientas digitales de IA de manera significativa para mejorar el aprendizaje?

4. Llegar: Transformación Total de la Pedagogía

¿Cómo rediseñamos una unidad entera utilizando IA que involucre las mejores prácticas pedagógicas e ideas previamente inconcebibles?

La etapa en la que me encuentro actualmente es _ _ _ _ _ _ _ _ porque _ _ _ _ _ _ _.

La siguiente etapa es _ _ _ _ _ _ _ _ _ _ _ _ _ ya que necesito _ _ _ _ _ _ _ _ _ _ _ _ _ _.

Las cuatro etapas de la pedagogía potenciada por IA—Sobrevivir, Esforzarse, Prosperar y Llegar—ofrecen un marco robusto que puede guiar de manera efectiva cualquier adopción de e-learning. Cada etapa aborda una fase específica de integración, desde la adaptación inicial hasta la utilización a gran escala de herramientas de IA en entornos educativos. Por ejemplo, durante la pandemia del Covid-19, un colegio internacional adoptó con éxito este modelo para hacer la transición al aprendizaje en remoto. Este caso de estudio ejemplifica cómo el modelo ayuda a las instituciones a adoptar sistemáticamente cualquier tipo de tecnología educativa para sobresalir en el nuevo panorama de enseñanza digital.

Aquí tenemos un caso de estudio de Sandra Chow, describiendo cómo usó un marco de cuatro etapas con su equipo de liderazgo durante el Covid:

Las Etapas del e-Learning han sido un marco muy útil para nuestra escuela durante el Covid-19. En nuestro colegio, la pandemia nos golpeó justo después de las vacaciones del Año Nuevo Chino en febrero de 2020, y nosotros, como muchas otras escuelas, no estábamos preparados para lo que vendría. Tuvimos que construir literalmente el avión mientras volaba. Pero teníamos un fantástico equipo de líderes, maestros y personal que asumieron el desafío mientras despegábamos. Justo en este momento, cuando estábamos preparando planes de aprendizaje a distancia; delineando nuestra estrategia de formación para mejorar la formación de nuestros maestros; coordinando con funcionarios del gobierno, oficinas de educación y colegas educadores que se enfrentaban al mismo desafío; y asegurándonos de que nuestros sistemas estuvieran actualizados, la Dra. Jennifer Chang Wathall publicó el marco de las Etapas del e-Learning en las redes sociales.

Como equipo de dirección, inmediatamente sentimos que este marco ayudaba a dar sentido a todas las emociones y tensiones que se estaban acumulando, a la vez que nos daba una dirección para estrategizar y planificar. También proporcionó un lenguaje común para que todos expresaran sus sentimientos y supieran que sus sentimientos eran "normales". Además, el marco nos ayudó a vislumbrar un camino hacia la esperanza y la estabilidad.

Durante una de nuestras primeras sesiones de formación, presentamos el marco al personal e hicimos una encuesta en Mentimeter para obtener información sobre dónde ellos sentían que se encontraban. Esto nos ayudó como equipo de aprendizaje digital e innovador a saber qué tipo de formación y apoyo se necesitaba en ese momento. El gráfico a la derecha representa el tipo de formación en la que nuestro equipo se centró dependiendo de las etapas en las que determinamos que se encontraban los maestros.

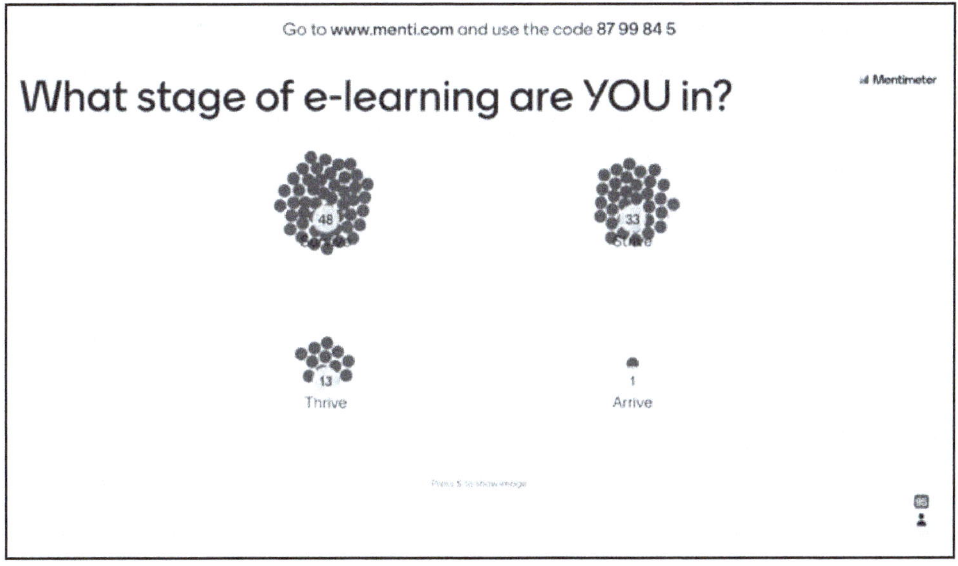

Ve a www.menti.com y usa el codigo 87 99 84 5

¿En qué etapa de e-learning estás TÚ?

Sobrevivir	48
Esforzarse	33
Prosperar	12
Llegar	1

Durante la etapa de **Sobrevivir** del e-learning, los maestros necesitaban apoyo básico de los sistemas centrales. La frase "Maslow antes de Bloom" era una frase muy común utilizada por los líderes de tecnología educativa porque cuando se trataba del tipo de formación que los maestros necesitaban en esta etapa, tenía que ser básica. Los maestros a menudo se sienten abrumados por los sistemas que necesitan para estar online y conectarse con sus estudiantes. Así que en esta etapa, nuestro equipo se centró en Microsoft Teams (nuestra plataforma de videoconferencia), Seesaw (utilizada por nuestra escuela primaria), y herramientas para ayudar a los maestros a crear videos para el aprendizaje asincrónico. El aprendizaje asincrónico fue otra decisión tomada temprano en nuestra etapa de Sobrevivir, porque nos dio más tiempo para equipar a nuestros maestros y estudiantes. Enseñar asincrónicamente era mucho menos complicado y permitía más tiempo para respirar y familiarizarse con el aprendizaje a distancia.

A medida que los maestros pasaban lentamente de la etapa de **Sobrevivir** a la de **Esforzarse** y estaban más listos para un aprendizaje adicional, comenzamos a introducir más variedades de herramientas digitales que serían útiles en el aula. Esto incluyó herramientas de evaluación, herramientas para traer interactividad en entornos sincrónicos, y las características más avanzadas de nuestros sistemas centrales. Asimismo, también comenzamos a introducir mejores prácticas y estrategias para el aprendizaje en línea/remoto que ayudarían a hacer las interacciones más dinámicas y el proceso de aprendizaje más efectivo.

En las etapas de **Prosperar** y **Llegar**, los maestros estaban completamente listos para adoptar ideas que ayudarían a mejorar su retroalimentación a los estudiantes y explorar diferentes estrategias de evaluación. Como equipo de dirección y para nuestros coaches, el marco nos ayudó a mantener el foco sobre cómo apoyar mejor a nuestra comunidad de aprendizaje y ayudarnos a mejorar nuestra práctica.

Lo otro que notamos a medida que avanzaba el 2020 fue que nuestros maestros se asentaban y más gente se movía a la etapa de **Prosperar** o **Llegar**, sin duda, el Covid-19 nos mantuvo ágiles.

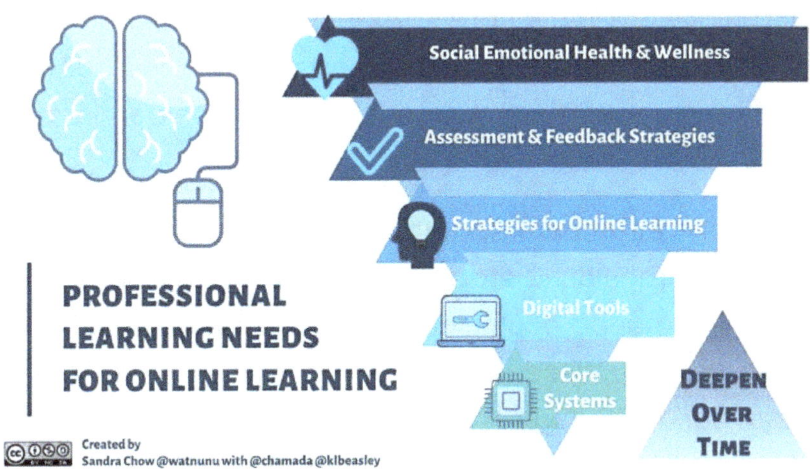

NECESIDADES PROFESIONALES PARA EL APRENDIZAJE EN LÍNEA

Salud socioemocional y bienestar

Evaluación y Estrategias de Retroalimentación

Estrategias para el Aprendizaje En Línea

Herramientas Digitales

Sistemas Troncales

PROFUNDIZAN CON EL TIEMPO

Creado por Sandra Chow @watnsunu con @chamad @klbeasley

Tan pronto como el aprendizaje a distancia se estaba volviendo más cómodo, se introdujo un nuevo giro y tuvimos que comenzar la enseñanza híbrida o volver al aprendizaje a distancia. Este fue el caso cuando la escuela comenzó de nuevo en agosto de 2020. Aunque los maestros y estudiantes ya tenían experiencia con el aprendizaje a distancia del año escolar anterior, comenzar un nuevo año escolar con nuevos estudiantes, padres y maestros significó que rápidamente volvimos a la etapa de **Sobrevivir** o **Esforzarse** nuevamente.

Siempre hemos sabido que como educadores, al igual que los estudiantes, debemos ser alumnos de por vida, pero el Covid-19 realmente nos mantuvo en vilo. Las Etapas del e-Learning, o me atrevo a decir "Etapas del Aprendizaje", continúan siendo un marco que ayuda a nuestra comunidad escolar a recordar que no siempre vamos a ser maestros perfectos que han dominado cada aspecto de la enseñanza.

Estamos constantemente aprendiendo, y puede haber momentos en los que estemos en la etapa de **Sobrevivir** o **Prosperar**, lo cual está bien. Esto puede ocurrir cuando comenzamos a enseñar en una nueva escuela, después de regresar a la escuela después de una baja por maternidad o por enfermedad a largo plazo, o cuando cambiamos de grados, materias o cursos. Lo importante a recordar es que **Prosperar** o **Llegar** está a la vuelta de la esquina, y solo lleva tiempo.

¡Gracias a Jennifer por hacer este proceso visual para nosotros!

Sandra Chow

Educadora y Líder K-12 (desde Infantil hasta Grado 12)

Aquí tenemos otro caso de estudio de una organización que usó este modelo de cuatro etapas durante el Covid:

Este gráfico de la Dra. Jennifer Chang Wathall representa una descripción apropiada de las etapas prácticas y emocionales del aprendizaje. Como todos hemos necesitado adaptarnos al e-learning y la realidad de lo que eso implica en nuestros contextos escolares, palabras como "**esforzarse**", "**sobrevivir**", "**llegar**" y "**prosperar**" resuenan con el viaje que hemos emprendido... pasando de ser casi pasajeros y observadores a conductores y participantes activos. Cómo se ve, suena y se siente el e-learning durante cada una de estas etapas es muy diferente y único para la etapa en la que se encuentran las escuelas, maestros, alumnos y padres. El marco nos proporcionó un lenguaje común que conectó de manera efectiva nuestros colegios en distintas ciudades, países y continentes durante la pandemia.

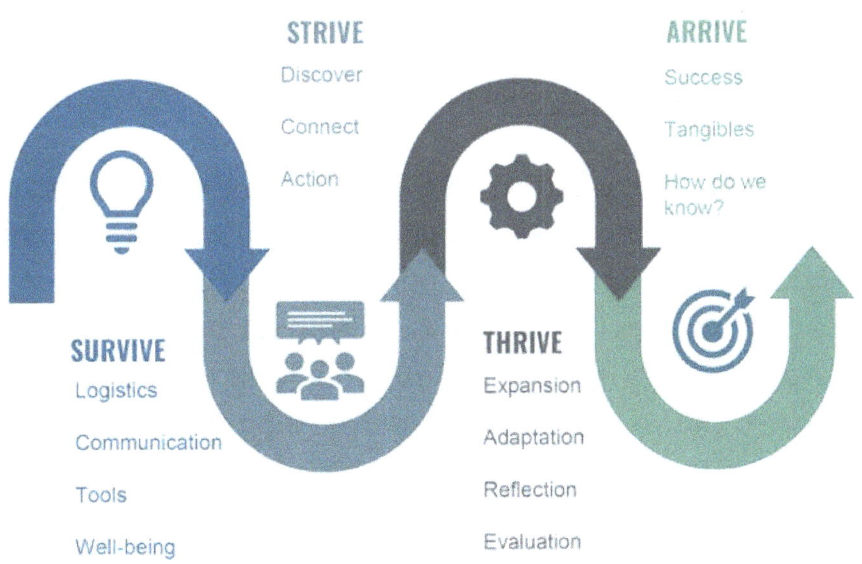

Sobrevivir

- Logística
- Comunicación
- Herramientas
- Bienestar

Esforzarse

- Descubre
- Conecta
- Actúa

Prosperar

- Expansión
- Adaptación
- Reflexión
- Evaluación

Llegar

- Éxitos
- Cosas Tangibles
- ¿Cómo lo sabemos?

Para mí, la etapa de Sobrevivir se trataba de logística, comunicación y monitoreo del bienestar de nuestra comunidad de aprendizaje—líderes, maestros, personal de apoyo, estudiantes y padres. Responder a las preguntas quién, qué, dónde, cuándo, por qué y cómo era primordial. Los roles individuales como alumno, padre y maestro habían sido dramáticamente alterados. La preparación tecnológica requerida para esto en todos los niveles proporcionó una oportunidad para una curva de aprendizaje empinada para que todos participaran.

La etapa de Esforzarse fue el descubrimiento de cómo funcionan realmente estas herramientas tecnológicas. ¿Cómo pueden ser utilizadas y adaptadas para adaptarse a la realidad actual en la que estamos? ¿Quién puede apoyarme para que tenga confianza y seguridad en hacer que mis estudiantes aprendan?

Prosperar se trataba de poder respirar y tener un momento para reflexionar sobre el impacto hasta el momento, monitoreando los niveles de efectividad desde una perspectiva de 360 grados y haciendo los cambios para asegurar una provisión mejorada. Esto proporcionó una oportunidad para que los educadores fueran creativos y corrieran algunos riesgos con la enseñanza, lo cual quizás no hubiera ocurrido en un entorno escolar físico y presencial.

Llegar se trataba de sentir que habíamos logrado llegar a un punto donde la mayoría de nosotros—líderes, maestros, estudiantes y padres—estábamos cómodos y felices con el aprendizaje en línea ofrecido, los niveles de participación y adopción de los estudiantes involucrados en el modelo de aprendizaje en línea, y la calidad de la enseñanza y el aprendizaje que estaban teniendo lugar.

Al reflexionar sobre este viaje, lo que ha funcionado bien y lo que no, algunas pautas generales emergen, si alguna vez tuviéramos que pasar por este proceso nuevamente. Estos son mis principales consejos:

1. Menos es más. Calidad sobre cantidad. Adaptar el día escolar, condensar el horario e incluir aprendizaje sincrónico y asincrónico combinado. Proporcionar flexibilidad para que los estudiantes puedan completar tareas en su propio tiempo (asincrónico) así como tener algunas sesiones en vivo en las que interactúen con el maestro y sus compañeros (sincrónico).

2. Equilibrar el tiempo en pantalla. La entrada inicial, el punto de control intermedio y el plenario del final de la clase son en vivo; sin embargo, los estudiantes continúan con el aprendizaje fuera de línea. Los maestros están disponibles para consultas y aclaraciones durante el día utilizando funciones de chat en la plataforma digital utilizada.

3. Variar las interacciones de clase. Hacer clases como grupo completo, en pequeños grupos o 1:1. Dar tiempo para que los estudiantes participen en grupos colaborativos, e incorporar eso en un horario semanal y diario.

4. La personalización y la conectividad son clave. Esta es una oportunidad para construir sobre la relación estudiante-maestro así como la relación padre-maestro. Entender el contexto de realidad de cada familia es importante para proporcionar empatía y flexibilidad para que todos los estudiantes y familias accedan al aprendizaje.

5. Monitorear cuidadosamente las conexiones de estudiantes y maestros. Donde los estudiantes están menos comprometidos, llamamos a casa y hacemos arreglos alternativos.

6. Es importante hacer un buen uso de los asistentes de enseñanza donde estén disponibles—¡son un recurso muy preciado!

7. Es importante proporcionar retroalimentación significativa a los estudiantes sobre su trabajo. También dar flexibilidad a los estudiantes sobre cómo cargan su trabajo.

8. Continuar con eventos como asambleas de toda la escuela, eventos especiales en línea, actividades físicas y de bienestar que promuevan el espíritu de equipo y la positividad para asegurar un sentido de pertenencia para estudiantes, padres y maestros.

9. No es solo el aprendizaje "académico" el enfoque. La interacción social y el aprendizaje son importantes, así como continuamos comunicando lo que es el aprendizaje divertido y cómo se ve—ya sea en el entorno real o en línea.

10. Los eventos en el calendario escolar continúan celebrándose. Las cumbres de WWF, la Exposición PEP y el Día Mundial del Libro aún tienen lugar—solo adaptados a una plataforma en línea.

A medida que recibimos noticias de los gobiernos de que las escuelas están introduciendo un retorno gradual al aprendizaje en un entorno físico, volvemos al gráfico original y la etapa de Supervivencia. ¿Qué necesitamos poner en marcha para sobrevivir a este nuevo desafío?

Continuando la Conversación

¿Cómo se puede usar este gráfico para el aprendizaje dentro de tu propio contexto de aprendizaje profesional?

Inicialmente, se usó durante los cierres escolares para identificar en qué etapa estábamos, lidiando con el aprendizaje en línea y el nuevo panorama de qué aspecto tenía la enseñanza y el aprendizaje para nosotros en diferentes niveles—como individuos, como departamentos, como escuelas y como organización.

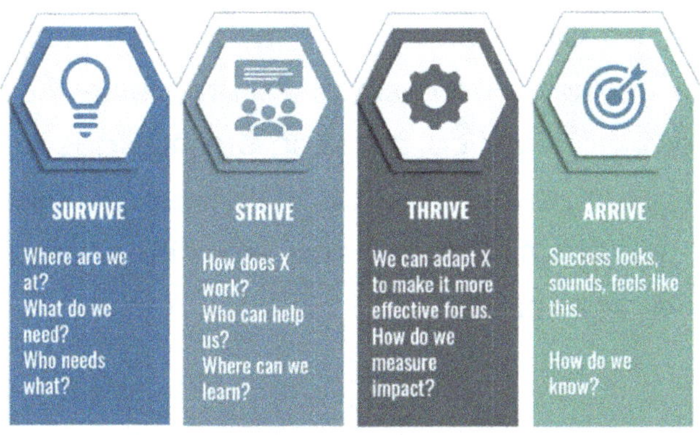

Sobrevivir

- ¿Dónde estamos?
- ¿Qué necesitamos?
- ¿Quién necesita qué?

Esforzarse

- ¿Cómo funciona X?
- ¿Quién nos puede ayudar?
- ¿Dónde podemos aprender?

Prosperar

- Podemos adaptar X para hacerlo más efectivo para nosotros.
- ¿Cómo medimos el impacto?

Llegar

- El éxito se ve, suena y se siente asi.
- ¿Como lo sabemos?

También lo usé como un punto de verificación de bienestar con nuestros líderes y directores de escuela. El gráfico fue fundamental para calmarnos y nos proporcionó momentos de visión general. En medio del pánico de los cierres escolares, lo fácil era simplemente tratar de ir rápidamente de A a B—y sentirse mal y culpable cuando los resultados no alcanzaban las expectativas. Esto nos dio un enfoque más calmado para simplemente decir, "Aquí es donde estamos ahora. No significa que siempre nos quedaremos aquí, pero por ahora, ahí es donde estamos, y necesitamos estar en esta etapa hasta que nos sintamos física, emocional y logísticamente cómodos para avanzar."

Ser capaces de proporcionar un plan estratégico fue muy útil. Dar puntos de acción concretos para nuestro camino por delante fue crucial. Esto realmente ayudó a dar a los líderes y maestros un enfoque y lenguaje común para usar al hablar con los padres y estudiantes. Nos salvó de correr como pollos sin cabeza, tratando de hacer las cosas pero realmente no logrando nada. Recuerdo haber visto ese gráfico cuando me lo presentaron, y se me "encendió la bombilla" al verlo.

También dimos a nuestros líderes y directores de escuela la oportunidad de identificar la etapa en la que se encontraban y "contarnos más". Fue una oportunidad para identificar los próximos pasos a dar para sentirse cómodos en la siguiente etapa. ¿Cómo suena, se ve y se siente Llegar?

Lo usé como un criterio de éxito y lista de verificación para que rastreásemos el camino para llegar de aquí a allá. A medida que regresamos al aprendizaje presencial e híbrido/combinado, nuestras escuelas se enfrentaron a nuevos desafíos. Entonces, usamos el modelo para identificar dónde estamos, por qué pensamos que estamos en esa etapa, qué aspecto tienen el éxito y prosperar, y nuestros elementos de acción—individual y/o colectivamente—para llegar a ese punto. Se usa como una oportunidad para que las escuelas celebren su camino auténtico—tanto los éxitos como los fracasos.

Avanzando, estoy trabajando con escuelas en el desarrollo escolar. Así que ahora lo uso para que a medida que las escuelas identifican un área/iniciativa que les gustaría implementar o ven una necesidad, usamos esos términos y creamos una imagen concisa de cada etapa para nosotros.

Sobrevivir - ¿Qué usamos ahora? ¿Cuál es el estado actual de las cosas?

Esforzarse – ¿Qué herramienta/proceso/protocolo queremos usar? ¿Cómo funciona X?

Llegar – ¿Qué aspecto tiene el éxito?

Prosperar – ¿Cómo podemos desafiarnos más? ¿Cuáles son nuestros próximos pasos?

Y el ciclo continúa. He animado a las escuelas a usarlo también con los estudiantes como una forma para que desarrollen su propio "plan de acción".

Oanh Crouch, directora de educación en Globeducate.

Página web: www.globeducate.com

Globeducate es una organización de colegios en Europa, Reino Unido?, África, América del Norte y Asia.

Resumen del Capítulo

Este capítulo exploró un camino estructurado para integrar la pedagogía potenciada por IA en las prácticas educativas a través de la metacognición y la autorreflexión. Destacó la importancia de que los educadores entiendan sus procesos de aprendizaje y su etapa actual en el viaje de integración de la IA. Al identificar sus competencias y limitaciones, los educadores pueden señalar áreas que necesitan mayor desarrollo, adaptando los caminos de aprendizaje para maximizar el potencial de las herramientas de IA en la educación.

El capítulo introdujo un marco de cuatro etapas para la adopción de la pedagogía potenciada por IA: Sobrevivir, Esforzarse, Prosperar y Llegar. Estas etapas representan diferentes niveles de competencia e integración, desde abordar los desafíos iniciales hasta dominar la integración de la IA para transformar las prácticas educativas. Las etapas son cíclicas e iterativas, reflejando la naturaleza continua de la adaptación tecnológica.

Se abordaron un par de casos de estudio utilizando este modelo de cuatro etapas. Estos casos involucraron a organizaciones internacionales que usaron el modelo durante la pandemia de Covid-19. Una escuela progresó desde la adopción urgente de herramientas digitales (Sobrevivir) hasta mejorar las capacidades de enseñanza en línea (Esforzarse y Prosperar) y finalmente refinar su aplicación digital y de la IA (Llegar), mientras que otra utilizó el modelo para abordar sus diversas necesidades de aprendizaje profesional.

Preguntas de Diálogo

1. Reflexión sobre la Experiencia Personal: Reflexionando sobre tus propias experiencias, ¿en qué etapa de adopción de la pedagogía potenciada por IA te encuentras actualmente? Habla de cualquier desafío al que te hayas enfrentado durante esta etapa y cómo lo has abordado.

2. Naturaleza Cíclica del Aprendizaje: ¿Cómo afecta la naturaleza cíclica e iterativa del marco de cuatro etapas tu percepción del progreso y el éxito en la integración de la IA en tus prácticas de enseñanza? Comparte ejemplos de situaciones en las que hayas retrocedido una etapa y cómo eso impactó a tu estrategia general.

3. Transición de Sobrevivir a Esforzarse: La transición de la etapa de Sobrevivir a la de Esforzarse implica un cambio de abordar los desafíos iniciales a participar activamente con las herramientas de IA. ¿Puedes hablar de un momento o estrategia particular que te ayudó a hacer esta transición de manera efectiva en tu entorno educativo?

4. Maximizando las Herramientas de IA: Considerando tu uso actual de las herramientas de IA, ¿qué competencias específicas crees que necesitas desarrollar más para pasar de Prosperar a Llegar? ¿Cómo planeas adquirir estas competencias?

5. Utilización de la Herramienta de Autorreflexión: ¿Cómo de efectiva te parece la herramienta de autorreflexión (figura 4.3) proporcionada en el capítulo para evaluar tu etapa en el proceso de adopción de la IA? Habla de cómo esta herramienta te ha ayudado o no en la planificación de tu desarrollo profesional o en la adaptación de tus estrategias de enseñanza.

Oportunidad de Artefacto

Autoevaluación de la Integración de la IA:

Autoevalúa tu etapa actual en la adopción de la IA (Sobrevivir, Esforzarse, Prosperar o Llegar). Identifica acciones específicas que puedes tomar para progresar a la siguiente etapa y comparte tus planes en las reuniones de departamento.

CAPÍTULO 5

ARMONIZANDO LOS PRINCIPIOS DE LA IA CON LOS PRINCIPIOS PEDAGÓGICOS

*Todo el arte de enseñar es solo el arte de despertar la curiosidad
natural de las mentes jóvenes con el propósito de satisfacerla después.
—Anatole France, poeta, periodista y novelista francés*

¿Cómo puede la IA facilitar un cambio de paradigma pedagógico de los modelos tradicionales centrados en el profesor a un enfoque más centrado en el estudiante y basado en la indagación?

Desde que OpenAI sacó ChatGPT, he estado explorando con entusiasmo la IA generativa, lo que ha mejorado significativamente mi productividad y eficiencia. Uso IA generativa como un compañero de pensamiento para solucionar problemas, hacer tormenta de ideas y soluciones y explorar varios escenarios antes de iniciar proyectos. Por ejemplo, antes de lanzar el Proyecto de Estudiante Emprendedor, usé ChatGPT para crear planes de lecciones e identificar desafíos logísticos.

Para apoyar el aprendizaje de los estudiantes, creé un chatbot usando Magic School para facilitar la respuesta en proyectos de diseño. También exploré cómo la IA generativa podría ayudar a generar retroalimentación e ideas con mis estudiantes de Año 7 (Grado 6). Hablamos de la importancia de verificar la precisión de las respuestas y mantener la privacidad de los datos personales. Al usar IA generativa con estudiantes, los profesores deben ser conscientes de las limitaciones de edad para que el contenido generado sea apropiado, tanto en términos de complejidad y tema como en cumplimiento con las regulaciones de privacidad. Escribí indicaciones específicas para el chatbot disponible en Magic School y modelé cómo buscar sugerencias. Este entorno controlado no solo asegura un producto de calidad de la IA generativa, sino que también guía a los estudiantes en la formulación efectiva de preguntas y entrada de datos.

Me he beneficiado enormemente de integrar la IA generativa en mi trabajo como profesora y coordinadora de currículo. Hemos escuchado mucho, "La IA generativa llegó para quedarse". Como educadores, necesitamos desarrollar agilidad en aprender cómo utilizar la IA generativa de manera productiva, responsable y ética. Esto requiere un enfoque proactivo para entender las capacidades y limitaciones de la IA generativa, y cómo integrarlas efectivamente en las prácticas de enseñanza y aprendizaje."

Alison Ya-Wen Yang
Educadora Internacional y Líder

Este capítulo explora el potencial transformador de la IA en la remodelación de los paisajes educativos. A medida que los paradigmas educativos cambian de modelos tradicionales centrados en el profesor a enfoques más centrados en el estudiante y basados en la investigación, la IA emerge como un vehículo fundamental para apoyar este proceso. Este capítulo profundiza en cómo la IA puede armonizarse con estrategias pedagógicas para mejorar los resultados educativos. Es crucial ir más allá de simplemente adoptar tecnología de IA que refuerce lo que los profesores siempre han hecho; los educadores deben enlazar? la IA con bases pedagógicas sólidas para fomentar la participación de los estudiantes, promover el pensamiento crítico y acomodar las diversas necesidades de aprendizaje.

Hablamos de cómo la armonización de los principios de la IA con principios pedagógicos efectivos puede tener un impacto en la planificación de experiencias de aprendizaje y el diseño de unidades de indagación. Esta integración promete no solo mantener el uso ético y efectivo de la IA en las aulas, sino también fomentar

Imagen generada por DALL·E 3, 2024

entornos que sean profundamente atractivos y que conducen a niveles más altos de participación y motivación de los estudiantes. Al alinear cuidadosamente las capacidades de la IA con los objetivos pedagógicos, podemos crear un paisaje educativo dinámico que responda a las necesidades de todos los estudiantes y esté preparado para el futuro.

Comencemos examinando los principios de la IA, que son fundamentales para entender su uso ético y efectivo. Establecer estos principios es crucial, ya que guían cómo se integran y utilizan las tecnologías de IA, asegurando que sirvan a los propósitos educativos de manera responsable y beneficiosa.

Principios de la IA

Cuando se trata de integrar la IA en nuestras aulas, creo que hay algunos principios clave que nosotros, los educadores, deberíamos tener en cuenta. Basándome en las ideas de las directrices internacionales de Australia, UNESCO, Singapur, la Comisión Europea y el Departamento de Defensa de EE. UU., así como en mi propia investigación sobre el mundo en rápida evolución de la tecnología de IA, he destilado las directrices de IA y elaborado un conjunto de cinco principios clave de IA que creo son esenciales para el sector educativo, como se ilustra en la figura 5.1.

Figura 5.1:

5 Principios de la IA

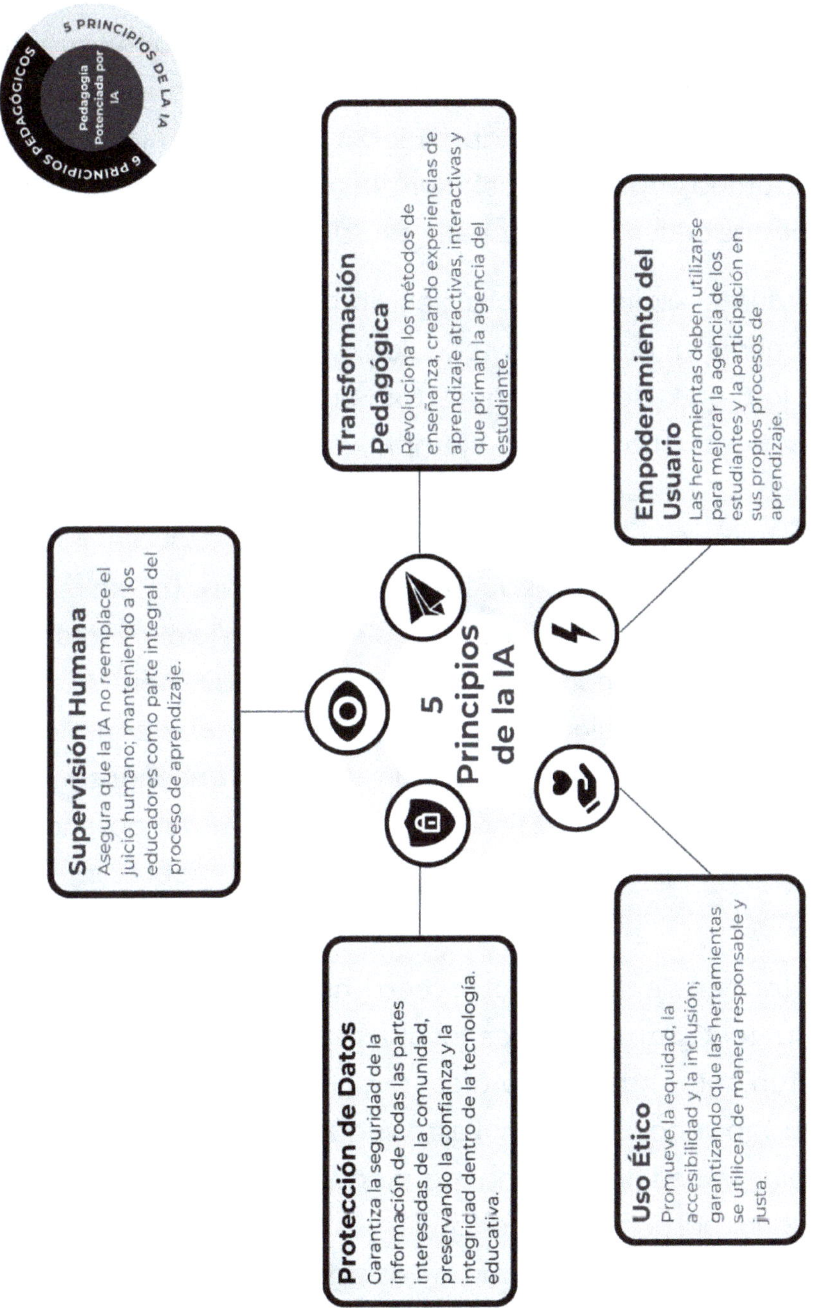

Creo que estas no son simplemente directrices; son fundamentos esenciales para crear un entorno de aprendizaje que no sólo esté mejorado por la tecnología, sino que también esté profundamente arraigado en los valores humanos. Al reunir las mejores prácticas y conocimientos de diferentes sistemas de todo el mundo, he intentado crear un enfoque holístico y adaptable que asegure que la IA se utilice de manera segura, ética y efectiva en las escuelas. Este proceso me permitió aprovechar los conocimientos globales y adaptarlos para satisfacer las necesidades y desafíos específicos de los educadores y estudiantes de hoy.

Permítanme explicarles esta decisión. Se trata de ir más allá de mantenerse al día con la tecnología. La idea es dirigirla en una dirección que defienda nuestros principios y apoye nuestros objetivos educativos. Por ejemplo, al insistir en la supervisión humana, nos aseguramos de que la IA no reemplace el valioso toque humano en la educación, sino que trabaje junto a él, mejorando el proceso educativo sin anularlo. La clave aquí es mantener tu juicio humano; usa siempre tu juicio profesional al interpretar las recomendaciones generadas por IA y tomar decisiones estratégicas. Recuerda que la IA debe complementar, no reemplazar, la interacción humana y la enseñanza. Siempre retenemos la autoridad final en la evaluación del aprendizaje de los estudiantes y la toma de decisiones sobre su proceso educativo.

La protección de datos es otra área importante de enfoque porque genera confianza: todos los involucrados en la educación, desde los estudiantes hasta los profesores, necesitan sentirse seguros de que su información personal está segura y se maneja con cuidado. Recopila y usa la mínima cantidad de datos de estudiantes necesaria para que la herramienta de IA funcione de manera efectiva. Sé transparente con los estudiantes y padres sobre cómo se usa la IA en el aula y qué datos se recopilan. Obtén el consentimiento informado cuando sea necesario.

Los educadores deben ser conscientes de que los niños menores de 13 años tienen derecho a medidas específicas de protección de datos, particularmente cuando se utilizan herramientas de IA. Para garantizar el cumplimiento, es aconsejable que no se requiera que los niños aporten datos personales al usar tales herramientas. El Reglamento General de Protección de Datos (GDPR) enfatiza la necesidad de un lenguaje claro y sencillo al comunicarse con los niños para asegurar su comprensión de cómo se utilizarán sus datos. Además, la Ley de Protección de Datos del Reino Unido de 2018 establece el límite de edad para el consentimiento de los niños al procesamiento de datos en el contexto de servicios en línea en 13 años.

Por lo tanto, los educadores deben tomar medidas para asegurar que las herramientas de IA utilizadas por niños y niñas menores de 13 años, no recopilen sus datos personales, y si fuera necesario aportar datos, se debe obtener el consentimiento de los padres.

Consejo Práctico: Mejorar la Privacidad en el Aprendizaje con IA para Estudiantes Jóvenes

Para usuarios menores de 13 años, configura estaciones interactivas de aprendizaje utilizando dispositivos conectados a cuentas escolares. Esto centraliza el acceso a herramientas de IA en dispositivos compartidos del aula, asegurando la privacidad del alumnado y cumpliendo con las restricciones de edad, sin requerir información personal. Este método no sólo aumenta la seguridad del aprendizaje digital, sino que también crea un entorno seguro y atractivo que se alinea con los estándares de protección de datos.

Entendiendo las Prácticas de Recolección de Datos

Una de las principales preocupaciones éticas con respecto a la IA en la educación es la recolección y uso de datos de los estudiantes. Las herramientas de IA a menudo requieren acceso a varios puntos de datos, como el rendimiento del estudiante, e incluso información personal, para funcionar de manera efectiva. Si bien estos datos pueden ser útiles para las experiencias de aprendizaje, también plantean preocupaciones sobre la privacidad de los estudiantes y la seguridad de los datos.

El primer paso hacia una administración responsable de los datos es entender qué datos recolectan las herramientas de IA y cómo se utilizan los propios. Los educadores deben revisar cuidadosamente las políticas de privacidad y los términos de servicio de cualquier herramienta de IA antes de su implementación.

Las preguntas clave a considerar se incluyen en la figura 5.2

Figura 5.2:

Recolección de Datos

Cumplimiento de las Regulaciones de Privacidad de Datos

Los educadores deben asegurarse de que su uso de herramientas de IA cumpla con las regulaciones relevantes de privacidad de datos, como la Ley de Derechos Educativos y Privacidad Familiar (FERPA) en los Estados Unidos y el Reglamento General de Protección de Datos (GDPR) en la Unión Europea. Estas regulaciones proporcionan pautas para la recolección, uso y divulgación de datos de los estudiantes. Es esencial familiarizarse con estas regulaciones y asegurarse de que las herramientas de IA elegidas se adhieran a ellas.

Medidas de Seguridad de Datos

Proteger los datos de los estudiantes del acceso no autorizado y las violaciones es primordial. La figura 5.3 describe algunas medidas clave de seguridad de datos a considerar.

Figura 5.3:

Medidas de Seguridad de Datos

SEGURIDAD DE DATOS

1. CONTRASEÑAS SEGURAS Y AUTENTICACIÓN
2. CIFRADO DE DATOS
3. ACTUALIZACIONES REGULARES DEL SOFTWARE
4. MINIMIZACIÓN DE DATOS
5. ALMACENAMIENTO SEGURO

Implementa políticas de contraseñas seguras y autenticación de múltiples factores para acceder a los datos de los estudiantes, asegurando que se implementen medidas de seguridad sólidas. Asegúrate de que los datos de los estudiantes estén encriptados tanto en tránsito como en reposo para protegerlos del acceso no autorizado. Mantén las herramientas de IA y los sistemas operativos actualizados con los últimos parches de seguridad realizando actualizaciones regulares de software. Minimiza los datos de estudiantes, recolectando la cantidad mínima para que la herramienta de IA funcione de manera efectiva. Almacena los datos de los estudiantes en servidores seguros y limita el acceso exclusivamente al personal autorizado, manteniendo la confidencialidad e integridad de la información.

El siguiente principio de IA, el uso ético, asegura que las herramientas de IA que usamos sean justas y no perpetúen sesgos o estereotipos, lo que nos ayuda a mantener un entorno de aprendizaje justo y equitativo. Este principio también trata de enseñar a los estudiantes acerca del uso responsable y ético de la IA y la integridad y honestidad académica. En el capítulo ocho, puedes encontrar una conversación más profunda sobre el desarrollo de alumnos éticos.

Empoderar a los usuarios es un principio fundamental de IA que resalta mejorar la agencia y participación de los estudiantes en sus propios procesos de aprendizaje. La IA debe ser aprovechada para impulsar la creatividad de los estudiantes y darles mayor propiedad sobre su trayecto educativo. La IA puede proporcionar un entorno de aprendizaje más interactivo y ayudar a los estudiantes a desarrollar una comprensión y dominio más profundos de los temas que están estudiando. Al empoderar a los estudiantes con IA, podemos crear una experiencia educativa más dinámica y centrada en el estudiante.

Finalmente, tenemos la ***transformación de la pedagogía***, un principio que se centra en usar la IA para cambiar la forma en que enseñamos, haciendo el aprendizaje más atractivo y agéntico para cada estudiante. Este principio fomenta la adopción de tecnología en los dos niveles superiores del modelo SAMR, propuesto por el Dr. Ruben Puentedura (2010), como se ve aquí en la figura 5.4. Estos niveles se consideran transformadores, ya que permiten a los educadores no solo mejorar sus métodos de enseñanza con tecnología, sino alterar fundamentalmente cómo tiene lugar el aprendizaje. En la etapa de Modificación, la tecnología permite un rediseño significativo de tareas, mejorando cómo los estudiantes se involucran con el material. La etapa de Redefinición aprovecha la tecnología para crear nuevas tareas que antes eran inconcebibles. Bajo este principio, los educadores pueden utilizar herramientas de IA para innovar y sobrepasar los límites en el diseño y transmisión del currículo, fomentando así un entorno de aprendizaje que además de ser más interactivo y atrayente, esté adaptado para satisfacer el potencial y las necesidades diversas de todos los estudiantes. Este enfoque se alinea perfectamente con los objetivos transformadores del modelo SAMR, promoviendo una integración más profunda y de mayor impacto de la tecnología en la educación.

La figura 5.4 ilustra el SAMR mientras que la figura 5.5 proporciona ejemplos de IA para cada nivel SAMR.

Figura 5.4:

Modelo de Integración Tecnológica SAMR

Adaptado de Wikiversity

Figura 5.5:

Ejemplos de IA para cada nivel SAMR

MEJORA	Sustitución	La tecnología actúa como un sustituto directo sin cambios funcionales.	El uso de herramientas de IA para generar conferencias y fichas de trabajo largas y aburridas.
	Aumento	La tecnología actúa como un sustituto directo con una mejora funcional.	Las herramientas de IA pueden ayudar con la gramática y la ortografía en tareas de escritura. Las herramientas de voz a texto pueden transcribir información de manera más eficiente.
TRANSFORMACIÓN	Modificación	La tecnología permite un rediseño significativo de las tareas.	Proyectos de análisis de datos: Los estudiantes pueden usar herramientas de IA para analizar grandes conjuntos de datos en materias como ciencias sociales, biología o economía. Por ejemplo, la IA puede ayudar a identificar patrones y correlaciones en datos sobre el cambio climático, permitiéndoles proponer soluciones basadas en evidencia. Asistencia mejorada en la lectura: La IA puede apoyar a estudiantes con dificultades lectoras proporcionando asistencia en tiempo real. Esto puede incluir lectura en voz alta del texto, explicación de palabras o frases complejas y resaltado de información clave en el texto, haciendo la lectura más accesible y atractiva. Análisis de contenido multimedia: Las herramientas de IA pueden ayudar a los estudiantes a analizar contenido multimedia como videos, pódcasts e imágenes. Por ejemplo, la IA puede transcribir automáticamente videoconferencias, destacar puntos clave y analizar el tono en documentales o debates, enriqueciendo la experiencia de aprendizaje y mejorando la accesibilidad.
	Redefinición	La tecnología permite la creación de tareas nuevas previamente inimaginables.	La IA como socio creativo en arte y música: En educación artística y musical, la IA puede actuar como un compañero creativo sugiriendo modificaciones en diseños o composiciones, o generando ideas para la exploración creativa. Por ejemplo, podría sugerir cambios en una composición musical de un estudiante basándose en el estilo que está estudiando o generar bocetos iniciales que los estudiantes pueden desarrollar en obras más detalladas. La IA en el entrenamiento de debate y argumentación: Se puede programar una IA para debatir con los estudiantes sobre diversos temas, utilizando vastas bases de datos para argumentar desde diferentes perspectivas. Esto no solo mejoraría sus habilidades de pensamiento crítico, sino que también los prepararía para hablar en público y el razonamiento lógico en un formato novedoso e interactivo. Simulaciones y juegos de rol impulsados por IA: En asignaturas como historia o ciencias políticas, la IA puede simular figuras históricas o cuerpos gubernamentales, permitiendo a los estudiantes representar escenarios como negociaciones internacionales o eventos históricos. Esto redefine el aprendizaje al crear experiencias inmersivas e interactivas que antes no eran posibles.

Principios Pedagógicos

Al desarrollar un marco pedagógico para este libro, me he inspirado en varios principios educativos que se alinean estrechamente con los adoptados por programas prestigiosos como el Bachillerato Internacional (IB), conocido por su enfoque educativo holístico. Los principios en los que me centro incluyen los siguientes:

La enseñanza está basada en conceptos, en la indagación, es inclusiva y equitativa, colaborativa, centrada en el alumno, y dirigida por el mismo. El aprendizaje se evidencia como se ve en la figura 5.6. Cada uno de estos principios ha sido seleccionado por su capacidad para crear un entorno de aprendizaje atractivo y efectivo.

El aprendizaje basado en conceptos es primordial para alentar a los estudiantes a pensar críticamente y entender conceptos complejos en profundidad, permitiendo a los alumnos aplicar y transferir su comprensión a contextos nuevos y variados, y a su vez preparándolos para los desafíos del mundo real y situaciones desconocidas.

"El currículo y la instrucción basados en conceptos es un modelo de diseño tridimensional que enmarca el contenido objetivo y las habilidades con conceptos disciplinarios, generalizaciones y principios" (Erickson, 2007).

El currículo y la instrucción basados en conceptos se contraponen al currículo tradicional bidimensional basado en temas, que se enfoca principalmente en el contenido objetivo y las habilidades, pero a menudo se limita a abordar aborda implícitamente el desarrollo de la comprensión conceptual y la transferencia de conocimientos, en lugar de hacerlo de manera intencionada.

El aprendizaje basado en la indagación invita a los estudiantes a plantear preguntas y explorar diferentes caminos, fomentando un sentido de exploración y descubrimiento. Kath Murdoch (2014), la principal experta global en aprendizaje por indagación, describe 13 principios fundamentales de la práctica del maestro de indagación: apropiación, interés, reflexión, propósito, aprendizaje previo, transferencia, colaboración, resiliencia, tiempo, retroalimentación, ambiente, apertura y, lo más importante, disfrute.

El principio de inclusividad y equidad asegura que la educación sea accesible para todos los estudiantes, reflejando un compromiso de honrar las fortalezas y talentos de cada estudiante (por ejemplo, alumnado neurodiverso) dentro del entorno de aprendizaje.

El aprendizaje colaborativo complementa esto promoviendo el trabajo en equipo, donde los estudiantes aprenden de y con los demás, mejorando sus habilidades interpersonales y su capacidad para trabajar en grupos diversos.

Adoptar un enfoque centrado en el alumno y dirigido por el mismo, significa que las estrategias de enseñanza están adaptadas para satisfacer los gustos e intereses del estudiante, colocándolos en el centro del ciclo de aprendizaje. Este principio también abarca la idea del constructivismo, donde el alumnado construye su propia comprensión y conocimiento del mundo experimentando cosas y reflexionando sobre esas experiencias.

Finalmente, la recopilación de evidencia del aprendizaje por parte del maestro es crucial para evaluar continuamente el progreso de los estudiantes. Esto no solo ayuda a proporcionar retroalimentación específica, sino también a refinar los métodos de enseñanza para adaptarse mejor a las necesidades cambiantes de los estudiantes.

Estos principios pedagógicos no son solo ideales teóricos; sino herramientas prácticas que han demostrado fomentar un entorno educativo enriquecedor y dinámico. Al integrarlos en nuestro enfoque educativo, buscamos equipar a los estudiantes con las habilidades necesarias para navegar y tener éxito en un mundo cada vez más complejo.

Figura 5.6:

6 Principios Pedagógicos

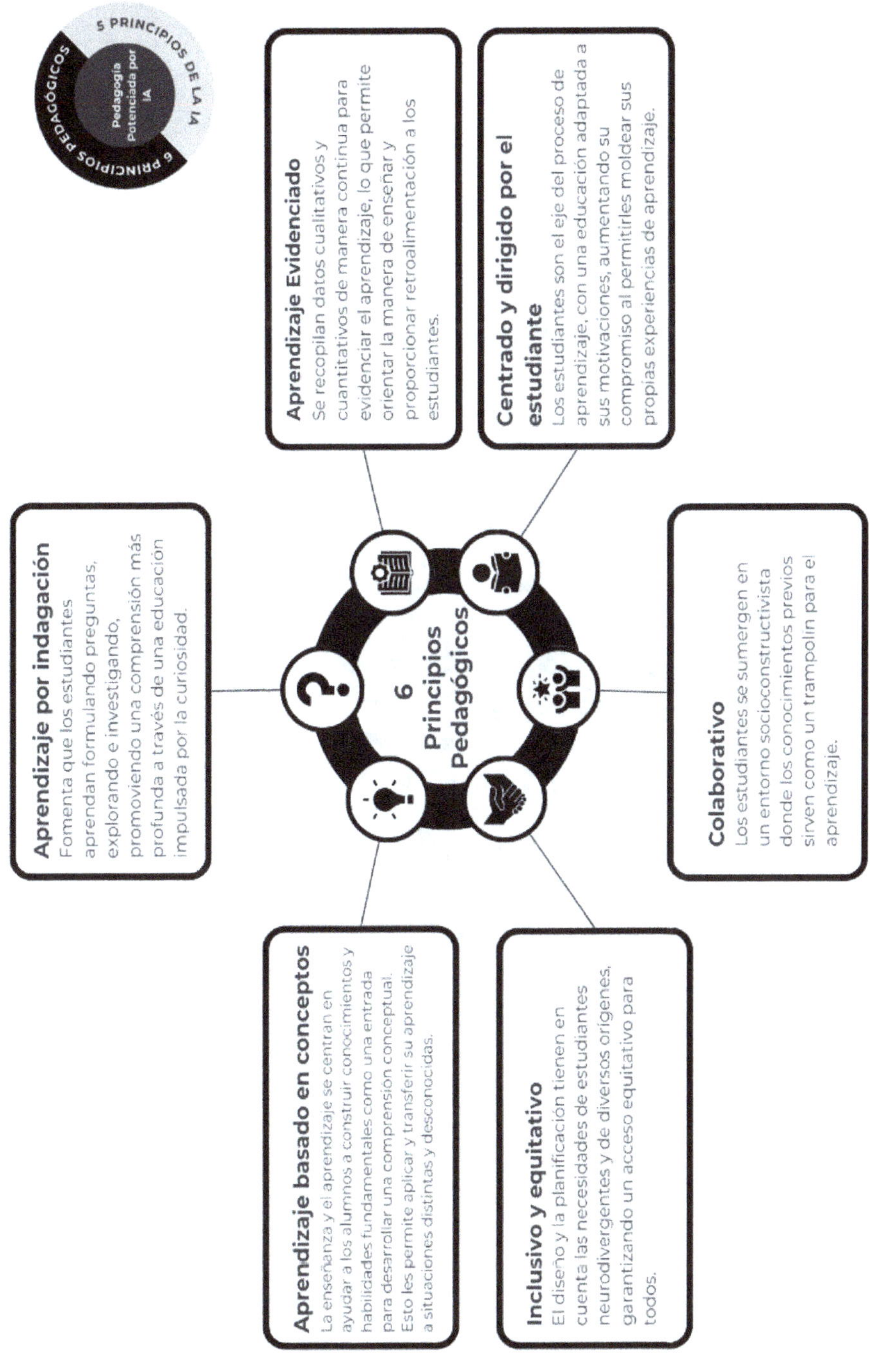

Figura 5.7:

Pedagogía Potenciada por IA

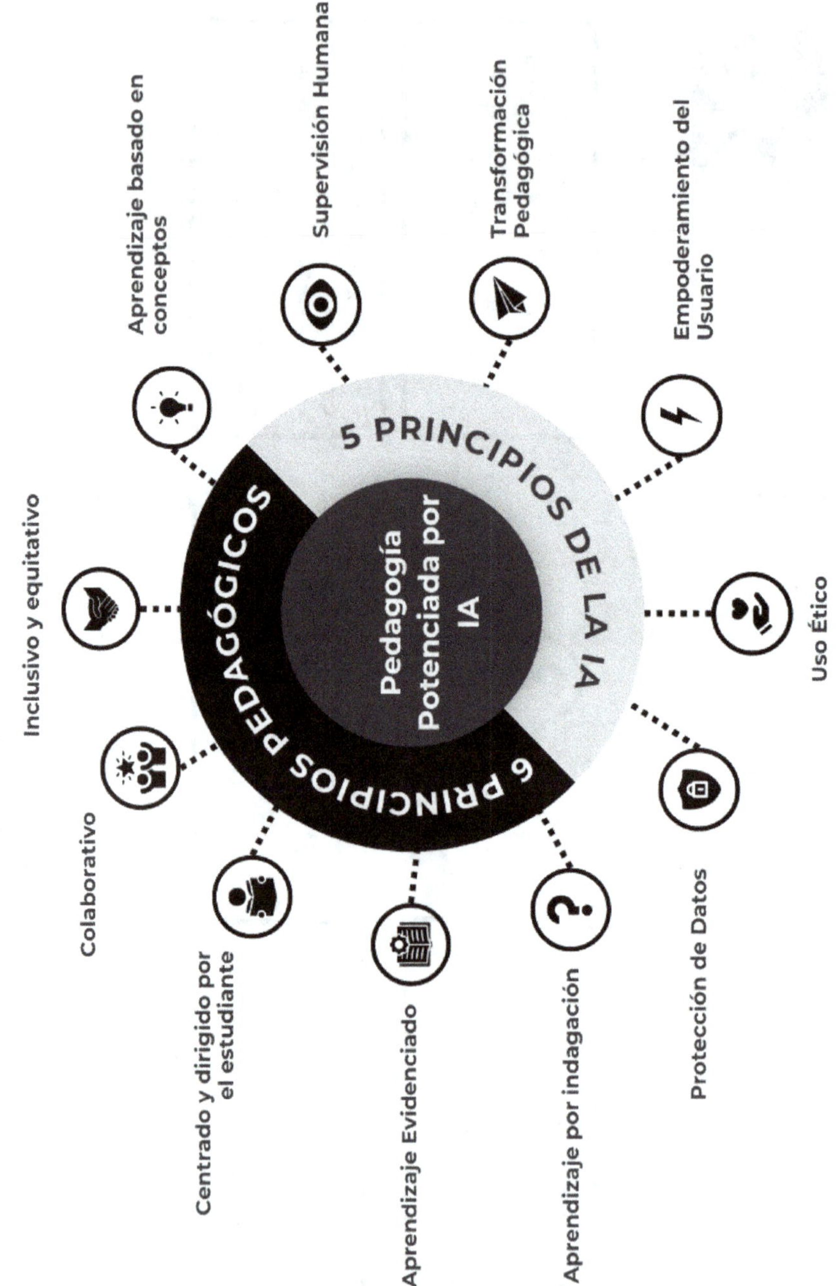

Ejemplos del Aula

Aquí tenemos ejemplos de cómo diferentes educadores han integrado la IA con los principios pedagógicos.

Estudio de Caso 1: Uso de IA en Grado 2 – Indagación sobre Sostenibilidad y Preservación de Recursos

Principio pedagógico:

- Inclusivo y equitativo
- Aprendizaje evidenciado

Usé la IA para generar andamiaje para los alumnos que tienen diversas necesidades lingüísticas. Usar IA es un cambio radical. Durante el proceso de co-planificación, junto con el maestro especialista en EAL, nos enfocamos en marcos de oraciones y escritura de opinión. Luego, generamos versiones más simplificadas y complejas del mismo andamiaje haciendo que la planificación para la enseñanza diferenciada sea mucho más eficiente. Esto nos permitió tener una pila de opciones disponibles para satisfacer las distintas necesidades del alumnado.

El uso de IA nos ha permitido generar andamiaje de lenguaje adaptado para todos los estudiantes en la clase, lo cual ha aumentado la confianza de los alumnos que están aprendiendo inglés. "Oh, ¿otros alumnos también reciben ayuda? Pensé que era sólo yo, porque mi inglés no es bueno."

Juan Carlos Cairós

Increíble maestro de indagación PYP

PLASTIC
by Kiyan DE.
DiSasters
from the
Save our EARTh!
WORLD!
A look at plastic
suported by the
be eco
Green
TEAM

1
PLASTIC SPREADS
AROUND THE
WORLD
five r's
Reduse, reduce, recycle, reuse, rot
Plastic is bad for
the enviorment

Otro ejemplo de uso de IA

Estudio de caso 2: Uso de IA en el Proyecto Personal del MYP del IB

Principios pedagógicos:

- Aprendizaje basado en conceptos
- Aprendizaje basado en la indagación
- Inclusivo y equitativo
- Centrado en el alumno y dirigido por el alumno

Mi proyecto personal del PAI (Programa de los Años Intermedios) fue una respuesta a una necesidad que identifiqué en Camboya, donde vivo. Desarrollé un sitio web con formación sobre alergias como gluten, lactosa y productos lácteos. Los cursos están dirigidos a personas que trabajan en restaurantes y pueden potencialmente permitir la contaminación cruzada. Como celíaco, tenía conocimiento previo sobre el gluten, pero necesitaba hacer mucha más investigación sobre la lactosa y los productos lácteos. Usé IA generativa para hacer investigación y proponer una estructura de sitio web, la cual ajusté a mis necesidades. Luego comparé la información obtenida y elegí lo que más me interesaba y pensé que satisfaría las necesidades de mis clientes. Encuentro útil la IA como una forma de ganar inercia y materializar ideas que tengo, y luego moldearlas y desarrollarlas de la manera que considero apropiada. Mejorar mis habilidades de generación de indicaciones ha sido fundamental para aprovechar al máximo esta tecnología.

Aquí está mi página web (abajo).

Pablo Cairós, estudiante de grado 10

Specialized Courses on Food Allergies

These specialized courses are designed to educate waiters and chefs about food allergies, with a focus or gluten allergies and special diets. The courses provide in-depth knowledge and practical strategies for serving customers with specific dietary requirements.

Importance of Educating Waiters and Chefs

Estudio de Caso 3: Exhibición PYP del IB en Grado 5

Principios pedagógicos:

- Aprendizaje por conceptos
- Aprendizaje por indagación
- Inclusivo y equitativo
- Centrado en cada estudiante y construido por él mismo,

Este fue el primer año que tuvimos herramientas de IA para ayudarnos en la Exhibición PYP, y fue revolucionario. Como clase, pasamos tiempo explorando algunas herramientas de IA, reconociendo su utilidad y encontrando algunas limitaciones; después de eso, los estudiantes pudieron usar con confianza la IA en su trayecto de aprendizaje. Herramientas como resumir un video/artículo y reescritor de texto permitieron a cada estudiante acceder a artículos o videos de nivel superior con gran detalle sobre su tema. Los alumnos podían entonces diferenciar la información a un nivel con el que podían interactuar. Permite que la información se adapte a las necesidades específicas de los estudiantes. Normalmente, como maestro, eso me lleva horas después de la escuela para organizarlo, pero con herramientas de IA puede ocurrir en tiempo real, en clase, atendiendo a las preguntas o necesidades específicas de un estudiante. Te ayuda a equipar a los estudiantes para dirigir su aprendizaje de maneras que no eran posibles antes. Como dije, revolucionario.

Aquí hay cuatro citas de estudiantes de grado 5 sobre el proceso:

- "Fue súper útil para ordenar ideas y recursos."
- "Hice que la IA preparara preguntas para que yo las respondiera, así que cuando tuve una audiencia en vivo para la presentación, estaba listo."
- "La IA fue muy útil y me ayudó a expandir mi pensamiento sobre la adicción a los juegos."
- "La IA me ayudó a encontrar muchas fuentes y formas de explorar mis ideas sobre la agresividad en el fútbol que no había tenido antes."

Michael Parkin

Educador PYP

Figura 5.8:

Errores Pedagógicos con el Uso de IA

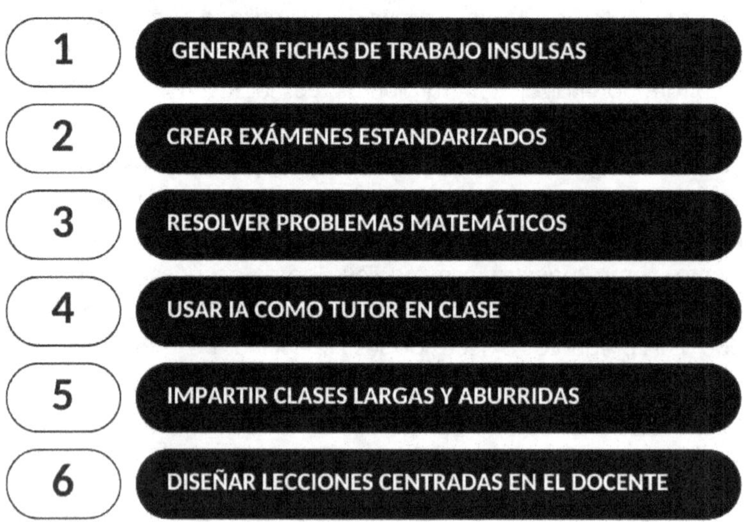

La figura 5.8 destaca algunos errores pedagógicos comunes que los educadores pueden encontrar al integrar la IA en sus prácticas de enseñanza. Debemos ser conscientes de evitar enfoques que reduzcan la IA a una mera herramienta de automatización para generar hojas de trabajo insulsas, pruebas estandarizadas con preguntas de opción múltiple superficiales o memorización por repetición. Tales prácticas no solo fallan en aprovechar el potencial transformador de la IA, sino que también corren el riesgo de perpetuar modelos de aprendizaje pasivos y anticuados que ahogan la creatividad y el pensamiento crítico.

Además, hacer hincapié indebido en el valor de la IA como tutor en clase puede restar importancia a los beneficios del constructivismo social, donde el aprendizaje colaborativo y la interacción impulsan la comprensión conceptual y el compromiso de los estudiantes. Usar la IA para ayudar a impartir conferencias largas y monótonas o crear clases centradas en el profesor en lugar de primar enfoques dirigidos y centrados en el estudiante puede desvirtuar el potencial de la IA para mejorar experiencias de aprendizaje significativas e interactivas.

Resumen del Capítulo

Este capítulo exploró la integración de la IA en la educación para fomentar un cambio de los métodos tradicionales centrados en el maestro a enfoques centrados en el estudiante y por indagación. El capítulo presenta un conjunto de principios fundamentales de IA: supervisión humana, protección de datos, uso ético, empoderamiento del usuario y transformación pedagógica. Estos principios se extraen de directrices internacionales y están adaptados para garantizar que la IA se utilice de manera segura, ética y efectiva en entornos educativos. También aseguran el uso seguro, ético y efectivo de la IA en las aulas, resaltando que la IA debe amplificar en lugar de reemplazar los elementos de enseñanza humana y mantener el papel central de los educadores en el proceso de aprendizaje.

El capítulo también habla de cómo estos principios de IA deben armonizarse con principios pedagógicos establecidos donde el aprendizaje sea basado en conceptos e indagación, inclusivo y equitativo, colaborativo y evidenciado. Estos principios pedagógicos fomentan un entorno donde se anima a los estudiantes a explorar, cuestionar y colaborar, profundizando así su comprensión y compromiso.

Se proporcionaron ejemplos prácticos de integración de IA en la educación, incluyendo su aplicación en varios niveles educativos y materias, demostrando cómo la IA puede apoyar y mejorar los principios pedagógicos en contextos reales.

Preguntas de Diálogo

1. Preocupaciones sobre la Protección de Datos: Considerando el énfasis en la protección de datos, habla de cómo se pueden equilibrar la necesidad de utilizar herramientas de IA con el deber de proteger los datos de los estudiantes. ¿Cuáles son las mejores prácticas para garantizar la privacidad de los datos mientras se fomenta un entorno de aprendizaje enriquecido por la IA?

2. Principio de Transformación Pedagógica: Reflexiona sobre el principio de transformación pedagógica, que tiene como objetivo cambiar fundamentalmente los métodos de enseñanza. ¿Puedes proporcionar ejemplos de tu propia experiencia donde la IA ha transformado con éxito las prácticas pedagógicas? Si no, ¿qué barreras han impedido esta transformación?

3. Armonización de Principios de IA y Pedagógicos: Habla de cómo la armonización de los principios de IA con los principios pedagógicos puede mejorar el diseño de experiencias de aprendizaje y unidades de indagación. ¿Cuáles son algunas estrategias prácticas que se pueden usar para asegurar que las herramientas de IA no sean sólo complementarias sino clave para lograr los objetivos pedagógicos?

Oportunidad de Artefacto

Integrar IA con Pedagogía:

Identifica un área de desarrollo profesional que le gustaría explorar. Asegúrate de enfocarte en cómo las herramientas de IA pueden integrarse en tus prácticas de enseñanza mientras se alinean con uno de los principios pedagógicos mencionados en el capítulo (por ejemplo, aprendizaje por indagación). Desarrolla un plan de acción para tus necesidades de desarrollo profesional.

CAPÍTULO 6
ELABORANDO PROMPTS EFECTIVOS

*En el ámbito de la IA, la calidad de tus preguntas
da forma a la profundidad de tus descubrimientos.*
—GPT-4o, 2024

**¿Cómo pueden los educadores ir más allá de las
bibliotecas de prompts estáticos y adoptar el arte
de elaborar y refinar iterativamente prompts para
lograr interacciones más significativas y
conversacionales con las herramientas de IA?**

A estas alturas, muchos de nosotros nos hemos dado cuenta de que la conversación continua con cualquier herramienta de IA es necesaria para refinar y filtrar los resultados para extraer las pequeñas pepitas de oro. No existe tal cosa como el prompt perfecto de IA que dé el resultado perfecto.

PROMPTS DE IA

1. NO NECESITAS UNA BIBLIOTECA DE PROMPTS
2. MANTÉN UNA CONVERSACIÓN CONTINUA
3. USA EL MARCO DE I.D.E.A.S

Por lo tanto, al elaborar prompts, es esencial ver el proceso como una conversación continua y dinámica en lugar de una colección estática de entradas en una biblioteca de prompts. Cada conversación debe verse como un punto de partida para el diálogo, la exploración y el descubrimiento, que evoluciona basado en las respuestas de la herramienta de IA. Depender en

Imagen generada por DALL·E 3, 2024.

gran medida de una biblioteca de prompts preestablecida es engorroso y consume mucho tiempo. Si bien algunas plantillas pueden proporcionar un punto de partida útil, ¿dónde acaba esto?

Además, gestionar una biblioteca de prompts demasiado grande no es muy práctico. Hace que los educadores pierdan un tiempo valiosísimo buscando entre innumerables opciones.

Los modelos de lenguaje grandes (LLMs) inherentemente caen bajo la amplia categoría de procesamiento del lenguaje natural (NLP), lo que significa que están diseñados para entender y generar lenguaje natural y conversacional. Por lo tanto, en lugar de depender de un conjunto rígido y predefinido de prompts, es más efectivo interactuar con estos modelos utilizando un lenguaje fluido y natural para aprovechar todo su potencial.

Al concebir las interacciones con las herramientas de IA como una conversación continua, podemos generar resultados más efectivos y relevantes. Este enfoque permite una adaptación y refinamiento continuos, asegurando que el diálogo siga siendo productivo y alineado con el resultado que queremos.

En una de mis publicaciones de blog, titulada "¿Es la ingeniería de prompts realmente 'ingeniería' de prompts?", profundicé en el mundo matizado de la interacción con IA, explorando el término inapropiado "ingeniería de prompts". A diferencia de la ingeniería tradicional, que se basa en gran medida en principios científicos y matemáticos fijos, el desarrollo de prompts en el contexto de la IA no es realmente ingeniería en sí. Digo que se trata menos de ciencias rígidas y más de tener una conversación continua con un compañero de pensamiento.

En mi blog, describo el desarrollo de prompts como un proceso iterativo donde cada ajuste al prompt no es solo aleatorio, sino un ajuste refinado y reflexivo hacia lograr una comunicación más clara y efectiva con la IA. Este desarrollo iterativo, inspirado en el proceso de pensamiento de diseño, destaca la conversación continua entre el usuario y la IA, con el objetivo de mejorar la coherencia y efectividad de las respuestas de la IA.

A pesar de experimentar con numerosos marcos existentes y varias herramientas diseñadas para desarrollar prompts, me he dado cuenta de que ninguno se ha quedado conmigo por una razón u otra. Durante una de nuestras caminatas regulares, mi querido amigo Haihao me presentó <u>una publicación de blog de Lance Cummings</u> que explicaba la aplicación del triángulo retórico para mejorar la construcción de prompts. Inspirada por esto, he integrado estos conceptos y explorado los cinco cánones de la retórica, centrándome en idear un enfoque más intuitivo y de alto impacto para el desarrollo de prompts que refleje el proceso iterativo y de refinamiento al comunicarse con cualquier IA.

Los cinco cánones o principios de la retórica, según los articuló el orador romano Cicerón, son Inventio (Invención), Dispositio (Disposición), Elocutio (Estilo), Memoria (Memoria) y Pronuntiatio y Actio (Presentación y Entrega). Originalmente, estos principios fueron creados para desarrollar el habla pública y reflejan la naturaleza iterativa de la escritura que incorpora las etapas de borrador, escritura y reescritura como un proceso cíclico.

De Wikipedia (2023):

La educación retórica se centró en cinco cánones. Los Cinco Cánones de la Retórica sirven como guía para crear mensajes y argumentos persuasivos:

- **Inventio** (Invención): el proceso que conduce al desarrollo y refinamiento de un argumento.
- **Dispositio** (Disposición o Arreglo): utilizado para determinar cómo debe organizarse un argumento para lograr el mayor efecto, generalmente comenzando con el exordio.

- **Elocutio** (Estilo): determinando cómo presentar los argumentos.
- **Memoria** (Memoria): el proceso de aprender y memorizar el discurso y los mensajes persuasivos.
- **Pronuntiatio** (Presentación) y <u>Actio</u> (Entrega): los gestos, pronunciación, tono y ritmo utilizados al presentar los argumentos persuasivos—el <u>Gran Estilo</u>.

Basado en estas ideas (literalmente), he creado un acrónimo que puede ayudar con el desarrollo de prompts de IA que opera en dos etapas para reflejar la naturaleza iterativa de refinamiento de la elaboración de prompts. El marco I.D.E.A.S. significa Indagar, Diseñar, Enganchar, Adaptar y Sintetizar y se utiliza para guiar el proceso de elaboración de prompts.

Los pasos iniciales de entrada implican indagar, diseñar y enganchar. Una vez que se recibe una respuesta, la siguiente fase es adaptar y sintetizar la salida. I.D.E.A.S. resalta un enfoque estructurado pero flexible para elaborar prompts que no solo sean funcionales, sino también intuitivos y de alto impacto. La Figura 6.1 resume los puntos clave sobre I.D.E.A.S.

Figura 6.1:

I.D.E.A.S. para el Desarrollo de Prompts de IA

IDEAS recalca comenzar con una indagación profunda sobre las necesidades y el contexto, diseñar un prompt coherente, interactuar activamente con la IA, adaptar basándose en la retroalimentación y especificar los ajustes necesarios para la mejora continua.

A través de este marco, abogo por un enfoque más dinámico y receptivo para comunicarse con la IA—uno que va más allá de una mera biblioteca de prompts estáticos hacia un proceso de elaboración más vibrante e interactivo que evoluciona con cada interacción del usuario. Este enfoque asegura que las respuestas generativas de la IA sean contextualmente apropiadas, proporcionando experiencias educativas significativas y de impacto.

La Figura 6.2 proporciona algunas preguntas que podemos hacer mientras pasamos por el marco IDEAS:

Figura 6.2:

Preguntas para el Marco de I.D.E.A.S.

Consejo Práctico: Piensa en las Herramientas de IA como Maestros Experimentados y Sabios

Trata las herramientas de IA como maestros sabios y experimentados que tienen un vasto reservorio de conocimientos e ideas para compartir.

Así como le pedirías a un educador experimentado su perspectiva sobre un tema desafiante, acércate a la IA con preguntas reflexivas que inviten a la exploración y conversación. Esto cambia la mentalidad de la interacción de simplemente recuperar información a participar en un diálogo significativo que puede llevar a mejores sugerencias e ideas.

Al tratar a la IA como un colaborador en el proceso educativo, puedes aprovechar todo su potencial para mejorar tus estrategias de enseñanza, inspirar creatividad y fomentar un ambiente de aprendizaje más rico para tus estudiantes.

Aquí Tenemos Algunos Ejemplos de Cómo Podemos Usar el Marco I.D.E.A.S.:

1. Desarrollo de una Unidad de Investigación de Matemáticas para 6° Grado

Indagar: Diseñar: Enganchar:

@GPT-4

Indagar

¿Puedes crear una unidad de aprendizaje basado en proyectos para 6° grado sobre fracciones, centrándose en fracciones equivalentes, suma, comparación y probabilidad?

Diseñar

Esboza la unidad e incluye lecciones interactivas e inductivas basadas en la investigación, con una introducción atractiva a las fracciones, una actividad práctica para explorar la equivalencia y una aplicación práctica para sumar y comparar fracciones. Incluye preguntas guía y cuatro semanas de experiencias de aprendizaje inductivo, además de una tarea de desempeño auténtica con una rúbrica en una tabla.

Enganchar

En este diseño de unidad, las fracciones deben ser entendibles y emocionantes para niños de 11 años, cultivando la curiosidad y la interacción en el aula.

De GPT-4-128k en Poe: https://poe.com/s/OYWn52VQGIJpEJ2sHvRM

Unidad de Aprendizaje Basado en Proyectos de Cuatro Semanas sobre Fracciones para 6° Grado

Resumen de la Unidad:
Esta unidad se centra en ayudar a los estudiantes de 6° grado a comprender y aplicar conceptos clave sobre fracciones, como fracciones equivalentes, suma de fracciones, comparación e introducción a la probabilidad usando fracciones. La unidad está diseñada para ser atractiva, práctica y relevante, utilizando métodos basados en la investigación para fomentar la curiosidad y el aprendizaje activo.

Semana 1: Introducción a las Fracciones y Exploración de la Equivalencia
Objetivo: Los estudiantes comprenderán qué representan las fracciones y comenzarán a explorar fracciones equivalentes.

Día 1: Introducción Atractiva

- Actividad: "Fracción de Tu Mundo." Los estudiantes toman fotos o traen objetos que muestren fracciones en la vida real (por ejemplo, una manzana medio comida, un cuarto de pizza).
- Conversación: "¿Qué son las fracciones? ¿Por qué las usamos?"

Días 2–4: Exploración de la Equivalencia

- Actividad: "Arte de Fracciones." Los estudiantes usan papel de colores para crear representaciones visuales de fracciones equivalentes.
- Pregunta Metacognitiva: "¿Cómo te ayudó crear representaciones visuales a entender las fracciones equivalentes?"
- Preguntas Guía: "¿Cómo pueden dos piezas diferentes representar la misma fracción?"

Día 5: Reflexión y Compartir

- Actividad: Los estudiantes presentan su arte de fracciones y explican por qué las fracciones son equivalentes.
- Pregunta Guía: "¿Qué estrategias te ayudaron a identificar fracciones equivalentes?"

Semana 2: Suma de Fracciones

Objetivo: Los estudiantes aprenderán a sumar fracciones con denominadores iguales y diferentes.

Días 1–2: Introducción a la Suma de Fracciones

- Actividad: "Panadería de Fracciones." Usando recetas reales, los estudiantes ajustan cantidades sumando fracciones.
- Actividad Práctica: Simulación del ajuste de recetas en clase.
- Pregunta Guía: "¿Qué debemos recordar al sumar fracciones con denominadores diferentes?"

Días 3-4: Aplicación a través de Simulación

- Actividad: "Preparación de Picnic." Planifican un picnic donde los estudiantes deben calcular la comida necesaria usando la suma de fracciones.
- Pregunta Metacognitiva: "¿Cómo te ayudó ajustar las cantidades a entender la suma de fracciones?"

- Pregunta Guía: "¿Cómo ayuda la suma de fracciones en situaciones reales como cocinar?"

Día 5: Conversaciones en Grupo y Reflexión

- Actividad: Los estudiantes hablan de los desafíos y estrategias utilizadas en la simulación de preparación de picnic.
- Pregunta Guía: "Comparte un consejo o estrategia que te ayudó con la suma de fracciones."

Semana 3: Comparación y Ordenación de Fracciones

Objetivo: Los estudiantes compararán y ordenarán fracciones a través de aplicaciones prácticas.

Días 1-2: Actividades de Comparación de Fracciones

- Actividad: "Carrera de Fracciones." Usando líneas numéricas en el suelo, los estudiantes se colocan según las tarjetas de fracciones que reciben.
- Interactivo: Juegos de tarjetas de fracciones para profundizar la comprensión del orden.
- Preguntas Guía: "¿Qué estrategias podemos usar para decidir qué fracción es mayor?"

Días 3–4: Aplicación en la Vida

- Actividad: "Organización de Suministros del Aula." Dividen los suministros del aula usando fracciones.
- Pregunta Metacognitiva: "¿Qué desafíos enfrentaste al dividir los suministros y cómo los superaste?"
- Pregunta Guía: "¿Cómo puede ser útil comparar fracciones al dividir objetos o recursos?"

Día 5: Conversación Culminante

- Actividad: Conversación reflexiva sobre la importancia de la comparación precisa de fracciones.
- Pregunta Guía: "¿Qué situaciones de la vida real podrían requerir que compares fracciones?"

Semana 4: Introducción a la Probabilidad con Fracciones

Objetivo: Aplicar la comprensión de las fracciones a conceptos básicos de probabilidad.

Días 1–2: Conceptos Básicos de Probabilidad

- Actividad: "Probabilidad Fraccional." Experimentos simples (por ejemplo, tirar dados, sacar cartas) para calcular la probabilidad.
- Pregunta Guía: "¿Cómo podemos expresar la probabilidad como una fracción?"

Días 3–4: Realización de una Encuesta

- Actividad: Los estudiantes diseñan y realizan una encuesta, analizando los resultados usando fracciones.
- Pregunta Metacognitiva: "¿Qué te enseñaron los resultados de la encuesta sobre la probabilidad y las fracciones?"
- Pregunta Guía: "¿Cómo puede mejorar nuestra interpretación de los datos el entender las fracciones?"

Día 5: Proyecto y Presentación Culminante

- Actividad: Los grupos presentan sus hallazgos de la encuesta y explican los conceptos de probabilidad aprendidos.
- Pregunta Guía: "¿Cómo mejoraron las fracciones nuestra comprensión de la probabilidad?"

Tarea de Desempeño Culminante:

Tarea: Los estudiantes planificarán y ejecutarán un pequeño evento (como un puesto de feria escolar) donde deben usar su conocimiento de fracciones para dividir recursos, presupuestar gastos y analizar la probabilidad de éxito de juegos o actividades.

Rúbrica de la Tarea de Desempeño:

| Criterio | Excelente (4) | Bueno (3) | Satisfactorio (2) | Necesita Mejorar (1) |

|----------|----------------|-----------|-------------------|----------------------|

Comprensión de Fracciones | Demuestra una comprensión clara de las fracciones en la planificación y ejecución. | Muestra comprensión básica pero comete errores menores en los cálculos. | Dificultad para aplicar fracciones correctamente; errores frecuentes. | No comprende cómo usar fracciones en escenarios prácticos. |

| Aplicación de Suma y Comparación Suma y compara fracciones con precisión en todos los aspectos de la planificación. | Generalmente preciso pero con ocasionales errores de cálculo. | Frecuentes imprecisiones en la suma o comparación de fracciones. | No suma o compara fracciones con precisión, afectando la planificación. |

Uso de Probabilidad Usa la probabilidad efectivamente para predecir resultados y tomar decisiones. | Usa conceptos básicos de probabilidad correctamente la mayoría del tiempo. | Uso limitado de la probabilidad, con cierta incomprensión. | No incorpora la probabilidad o la usa incorrectamente.

| Presentación y Explicación Presenta los hallazgos claramente, explicando la uso de fracciones y probabilidad con confianza. La presentación es coherente, con pequeños lapsos en claridad o detalle. La presentación carece de claridad o detalle al explicar fracciones y probabilidad. No puede explicar claramente cómo se usaron fracciones y probabilidad. |

Reflexión y Metacognición:

A lo largo de la unidad, se animará a los estudiantes a pensar en su proceso de aprendizaje y las aplicaciones prácticas de las fracciones. Cada semana, deben reflexionar sobre:

- Qué conceptos fueron fáciles o difíciles de entender y por qué.
- Cómo las actividades prácticas ayudaron a aclarar o confundir su comprensión.
- Cómo pueden aplicar lo aprendido en la semana en escenarios del mundo real.

Este enfoque no solo refuerza los conceptos matemáticos, sino que también mejora la capacidad de los estudiantes para autoevaluarse y dirigir sus propios procesos de aprendizaje.

Después de las etapas de Indagar, Diseñar y Enganchar (IDE), leemos la salida generada por la IA. Luego usamos las siguientes etapas: Adaptar y Sintetizar para continuar la conversación con la herramienta de IA. Puedes ver aquí que el formato de la rúbrica hace que la salida sea difícil de seguir, así que mi siguiente prompt fue el siguiente:

@GPT-4 ¿Puedes poner la rúbrica en una tabla?

De GPT-4-128k en Poe: https://poe.com/s/9iaocJpjVOFslSuyLFKo, 2024

Criterio	Excelente (4)	Bueno (3)	Satisfactorio (2)	Necesita Mejorar (1)
Comprensión de Fracciones	Demuestra una comprensión clara de las fracciones en la planificación y ejecución.	Muestra comprensión básica pero comete errores menores en los cálculos.	Dificultad para aplicar fracciones correctamente; errores frecuentes.	No comprende cómo usar fracciones en escenarios prácticos.
Aplicación de Suma y Comparación	Suma y compara fracciones con precisión en todos los aspectos de la planificación.	Generalmente preciso pero con ocasionales errores de cálculo.	Frecuentes imprecisiones en la suma o comparación de fracciones.	No suma o compara fracciones con precisión, afectando la planificación.
Uso de Probabilidad	Usa la probabilidad efectivamente para predecir resultados y tomar decisiones.	Usa conceptos básicos de probabilidad correctamente la mayoría del tiempo.	Uso limitado de la probabilidad, con cierta incomprensión.	No incorpora la probabilidad o la usa incorrectamente.
Presentación y Explicación	Presenta los hallazgos claramente, explicando la uso de fracciones y probabilidad con confianza.	La presentación es coherente, con pequeños lapsos en claridad o detalle.	La presentación carece de claridad o detalle al explicar fracciones y probabilidad.	No puede explicar claramente cómo se usaron fracciones y probabilidad.

2. Desarrollo de una Unidad de Investigación sobre Seres Vivos para 2° Grado

@GPT-4o

Indagar

¿Puedes crear una unidad de aprendizaje basado en proyectos para 2° grado sobre seres vivos, incluyendo plantas y animales?

Diseñar

Esboza la unidad e incluye lecciones interactivas e inductivas basadas en la investigación, con una introducción atractiva a los seres vivos y una actividad práctica para explorar. Incluye preguntas guía y cuatro semanas de experiencias de aprendizaje inductivo, además de una tarea de desempeño auténtica con una rúbrica en una tabla.

Enganchar

En este diseño de unidad, los seres vivos deben ser entendibles y emocionantes para estudiantes de segundo grado, cultivando la curiosidad y la interacción en el aula.

De GPT-4-128k en Poe: https://poe.com/s/nVLKZJ3usEy7cw3I5JA4,%202024

Unidad de Aprendizaje Basado en Proyectos de Cuatro Semanas: Seres Vivos (Plantas y Animales)

Resumen de la Unidad:
Esta unidad de cuatro semanas profundizará en el fascinante mundo de las plantas y los animales. A través de lecciones interactivas y basadas en la investigación, los estudiantes obtendrán una comprensión profunda de los seres vivos. La unidad incluirá preguntas metacognitivas y experiencias de aprendizaje activo para cultivar la curiosidad y la interacción de los estudiantes. La unidad culminará en una tarea de desempeño auténtica donde los estudiantes mostrarán su aprendizaje.

Semana 1: Introducción a los Seres Vivos

Objetivo: Los estudiantes comprenderán las características básicas de los seres vivos y diferenciarán entre seres vivos y no vivos.

Día 1: Introducción Atractiva

- Actividad: Ver un video atractivo sobre seres vivos (por ejemplo, animales, plantas).
- Conversación: ¿Qué hace que algo esté vivo? ¿Cómo podemos diferenciar entre seres vivos y no vivos?

Día 2: Características de los Seres Vivos

- Lección Interactiva: Crear un gráfico que enumere las características de los seres vivos (crecimiento, reproducción, respuesta al medio ambiente, etc.).
- Actividad Práctica: Los estudiantes clasifican objetos del aula (por ejemplo, una roca, un clip, una planta, un peluche) como seres vivos o no vivos.

Día 3: Exploración Basada en la Investigación

1. Preguntas Guía:
- ¿Cómo crecen los seres vivos?
- ¿Qué necesitan los seres vivos para sobrevivir?
2. Actividad: Plantar semillas en pequeñas macetas y predecir qué sucederá.

Día 4: Pregunta Metacognitiva

- Pregunta: "Piensa en los objetos que clasificaste. ¿Por qué decidiste que eran seres vivos o no vivos? Escribe tus ideas."

Día 5: Experiencia de Aprendizaje Activo

- Actividad: Paseo por la naturaleza para observar seres vivos y no vivos en el patio de la escuela.
- Conversación: Compartir observaciones y hablar de las características de los seres vivos que vieron.

Semana 2: Plantas

Objetivo: Los estudiantes aprenderán sobre las partes básicas de las plantas y sus funciones, y comprenderán el ciclo de vida de una planta.

Día 1: Introducción Atractiva

- Actividad: Leer un libro de cuentos sobre las plantas y sus partes.
- Conversación: ¿Cuáles son las partes de una planta? ¿Qué hacen?

Día 2: Exploración Basada en la Investigación

1. Preguntas Guía:
- ¿Cómo crecen las plantas?
- ¿Qué necesitan las plantas para sobrevivir?

2. Actividad: Observar las semillas plantadas en la semana 1 y documentar los cambios.

Día 3: Lección Interactiva

- Actividad: Crear un diagrama de una planta y etiquetar las partes (raíz, tallo, hoja, flor).
- Actividad Práctica: Diseccionar una flor e identificar sus partes.

Día 4: Pregunta Metacognitiva

- Pregunta: "Piensa en las plantas que ves todos los días. ¿Cómo crecen y cambian? Escribe tus observaciones."

Día 5: Experiencia de Aprendizaje Activo

- Actividad: Plantar un jardín al aire libre (si es posible) o comenzar un jardín en el alféizar de la ventana del aula.
- Conversación: Predecir qué sucederá con las plantas en las próximas semanas.

Semana 3: Animales

Objetivo: Los estudiantes aprenderán sobre diferentes tipos de animales, sus hábitats y sus necesidades básicas.

Día 1: Introducción Atractiva

- Actividad: Ver un clip documental sobre diferentes animales y sus hábitats.
- Conversación: ¿Qué animales conoces? ¿Dónde viven?

Día 2: Exploración Basada en la Investigación

1. Preguntas Guía:
- ¿Cómo encuentran comida los animales?
- ¿Qué necesitan los animales para sobrevivir?
2. Actividad: Crear un diorama de hábitat para una mascota del aula o un animal favorito.

Día 3: Lección Interactiva

- Actividad: Clasificar animales en grupos (mamíferos, aves, reptiles, etc.) usando imágenes y modelos.
- Actividad Práctica: Comparar y contrastar diferentes grupos de animales usando un diagrama de Venn.

Día 4: Pregunta Metacognitiva

- Pregunta: "Piensa en un animal que aprendiste esta semana. ¿Qué lo hace especial? ¿En qué se diferencia de otros animales?"

Día 5: Experiencia de Aprendizaje Activo

- Actividad: Juego de roles de animales. Los estudiantes eligen un animal y actúan cómo se mueve, come y vive.
- Conversación: Reflexionar sobre las diferentes formas en que los animales viven y sobreviven.

Semana 4: Integración y Síntesis

Objetivo: Los estudiantes integrarán su conocimiento de plantas y animales para comprender los ecosistemas y la interdependencia de los seres vivos.

Día 1: Introducción Atractiva

- Actividad: Ver un video sobre ecosistemas y cadenas alimentarias.
- Conversación: ¿Cómo dependen las plantas y los animales unas de otras?

Día 2: Exploración Basada en la Investigación

1. Preguntas Guía:
- ¿Qué sucede si se elimina una parte de un ecosistema?
- ¿Cómo se ayudan las plantas y los animales entre sí?
2. Actividad: Crear una cadena alimentaria simple usando imágenes y cuerdas.

Día 3: Lección Interactiva

- Actividad: Construir un modelo de ecosistema en el aula usando materiales de manualidades (por ejemplo, cajas de zapatos, papel, animales/plantas de plástico).
- Actividad Práctica: Los estudiantes trabajan en grupos para crear diferentes modelos de ecosistemas (bosque, océano, desierto, etc.).

Día 4: Pregunta Metacognitiva

- Pregunta: "Piensa en el modelo de ecosistema que creaste. ¿Cómo dependen las plantas y los animales en tu modelo unas de otras? Escribe tus pensamientos."

Día 5: Experiencia de Aprendizaje Activo

- Actividad: Presentar los modelos de ecosistemas a la clase y explicar la interdependencia de los organismos dentro de ellos.
- Conversación: Reflexionar sobre cómo el modelo de cada estudiante es único y lo que aprendieron sobre los ecosistemas.

Tarea de Desempeño Auténtica Culminante

Objetivo: Los estudiantes demostrarán su comprensión de los seres vivos creando un proyecto que muestre su conocimiento de plantas y animales.

Tarea: Crear una Exhibición de Seres Vivos

Descripción: Los estudiantes elegirán un ser vivo (planta o animal) y crearán un proyecto detallado que incluya:

- Una descripción del ser vivo.
- Su hábitat.
- Su ciclo de vida.
- Cómo interactúa con otros seres vivos en su ecosistema.

Presentación: Los estudiantes presentarán sus proyectos a la clase.

| Criterio | Excelente (4) | Bueno (3) | Satisfactorio (2) | Necesita Mejorar (1) |

|---------|---------------|----------|------------------|-----------------------|

Criterio	Excelente (4)	Bueno (3)	Satisfactorio (2)	Necesita Mejorar (1)
Conocimiento del Contenido	Demuestra un conocimiento profundo y preciso del tema.	Muestra un conocimiento básico con algunos errores menores.	Tiene dificultades para aplicar el conocimiento correctamente; errores frecuentes.	Carece de comprensión del tema; errores significativos.
Creatividad	Presenta ideas originales y únicas que mejoran el proyecto.	Muestra creatividad con algunas ideas interesantes.	Las ideas son convencionales con poca innovación.	Falta de creatividad; ideas repetitivas o poco desarrolladas.
Organización	La estructura es clara, lógica y fácil de seguir.	La estructura es generalmente clara, con algunas áreas confusas.	La organización es poco clara; dificulta la comprensión.	Falta de organización; el contenido es difícil de seguir.
Visuales	Los elementos visuales son atractivos, relevantes y mejoran la presentación	Los visuales son adecuados y apoyan el contenido.	Los visuales son básicos y no siempre relevantes.	Los visuales son inapropiados o no están presentes.
Habilidades de Presentación	La presentación es clara, segura y atractiva.	La presentación es coherente, con algunos lapsos en claridad.	La presentación carece de claridad o confianza.	La presentación es poco clara y difícil de entender.

Preguntas Metacognitivas a lo Largo de la Unidad

- Semana 1: "Piensa en los objetos que clasificaste. ¿Por qué decidiste que eran seres vivos o no vivos? Escribe tus pensamientos."
- Semana 2: "Piensa en las plantas que ves todos los días. ¿Cómo crecen y cambian? Escribe tus observaciones."
- Semana 3: "Piensa en un animal que aprendiste esta semana. ¿Qué lo hace especial? ¿En qué se diferencia de otros animales?"
- Semana 4: "Piensa en el modelo de ecosistema que creaste. ¿Cómo dependen las plantas y los animales en tu modelo unas de otras? Escribe tus pensamientos."

Este diseño de unidad tiene como objetivo hacer que el aprendizaje sobre seres vivos sea relacionable y emocionante para estudiantes de segundo grado, fomentando un ambiente de aula rico en curiosidad e interacción.

Ahora, puedes ver que en una clase, GPT-4o sugiere que los estudiantes traigan objetos vivos y no vivos. Bueno, ¡eso sería completamente absurdo!

Tampoco me gusta la palabra "objetivo", así que buscaría y reemplazaría esa palabra con "meta" si fuera a incluir esto en documentos curriculares.

@GPT-4o Sería ridículo pedir a los estudiantes que traigan cosas vivas y no vivas. ¿Cuál sería otra sugerencia?

De GPT-4-128k en Poe:

https://poe.com/s/xgfmeO0nFGcLNrA83yEW,%202024

Tienes razón; pedir a los estudiantes que traigan objetos vivos y no vivos puede ser poco práctico. Aquí te presento una sugerencia alternativa para una actividad en el aula que puede lograr los mismos objetivos de aprendizaje:

Semana 1: Introducción a los Seres Vivos

Objetivo: Los estudiantes comprenderán las características básicas de los seres vivos y diferenciarán entre seres vivos y no vivos.

Día 1: Introducción Atractiva

- Actividad: Ver un video atractivo sobre seres vivos (por ejemplo, animales, plantas).

- Conversación: ¿Qué hace que algo esté vivo? ¿Cómo podemos diferenciar entre seres vivos y no vivos?

Día 2: Características de los Seres Vivos

- Lección Interactiva: Crear un cuadro que enumere las características de los seres vivos (crecimiento, reproducción, respuesta al ambiente, etc.).
- Actividad Práctica: Usar una colección de objetos del aula (por ejemplo, una roca, un clip, una planta, un peluche) e imágenes (por ejemplo, fotos de animales, plantas, el sol, un coche). Los estudiantes clasificarán estos objetos e imágenes como seres vivos o no vivos usando una actividad de clasificación.

Día 3: Exploración Basada en la Indagación

Preguntas Guía:
- ¿Cómo crecen los seres vivos?
- ¿Qué necesitan los seres vivos para sobrevivir?
Actividad: Plantar semillas en pequeñas macetas y predecir qué sucederá.

Día 4: Reflexión Metacognitiva

- Prompt: "Piensa en los objetos que clasificaste. ¿Por qué decidiste que eran seres vivos o no vivos? Escribe tus pensamientos."

Día 5: Experiencia de Aprendizaje Activo

- Actividad: Paseo por la naturaleza para observar seres vivos y no vivos en el patio de la escuela.
- Conversación: Compartir observaciones y hablar de las características de los seres vivos que vieron.

Resumen de Ajustes

Día 2 Actividad Práctica: En lugar de traer objetos de casa, usar objetos del aula e imágenes impresas para la actividad de clasificación. Esto asegura que todos los estudiantes tengan acceso a los materiales y mantiene la actividad manejable y segura.

Este enfoque mantiene la naturaleza interactiva e indagadora de la clase, a la vez de ser práctico y viable en el entorno del aula.

Las ideas de proyectos y experiencias de lecciones sirven como trampolines valiosos para los educadores. Estos esquemas proporcionan una base sobre la cual los maestros pueden construir, adaptar y refinar sus propios enfoques únicos para involucrar a los estudiantes en el proceso de aprendizaje. Al ofrecer un punto de partida, estas ideas ayudan a los educadores a evitar la tarea desalentadora de comenzar con una página en blanco. En cambio, pueden inspirarse en las actividades sugeridas, modificándolas y adaptándolas para satisfacer las necesidades e intereses específicos de sus estudiantes. Esta flexibilidad no solo enriquece la experiencia educativa, sino que también empodera a los maestros para innovar y personalizar su instrucción, lo que en última instancia conduce a resultados de aprendizaje más significativos y efectivos.

3. Desarrollo de una Unidad de Investigación sobre Política Global para 12° Grado

@GPT-4o

Indagar

¿Puedes crear una unidad de aprendizaje basado en proyectos para 12° grado sobre política global?

Diseñar

Esboza la unidad e incluye lecciones interactivas e inductivas basadas en la investigación, con una introducción atractiva a la política global: derechos humanos, una actividad práctica para explorar. Incluye preguntas metacognitivas y experiencias de aprendizaje activo. Incluye preguntas guía y cuatro semanas de experiencias de aprendizaje inductivo, además de una tarea de desempeño auténtica con una rúbrica en una tabla.

Enganchar

En este diseño de unidad, los derechos humanos deben ser entendibles y emocionantes para estudiantes de 12° grado, cultivando la curiosidad y la interacción en el aula.

De @GPT-4o-128k https://poe.com/s/ad6fBVDsfVInWsOedqSu, 2024

Unidad de Aprendizaje Basado en Proyectos de Cuatro Semanas: Política Global y Derechos Humanos

Resumen de la Unidad:

Esta unidad de cuatro semanas sobre política global se centra en los derechos humanos. Los estudiantes participarán en lecciones interactivas y basadas en la investigación diseñadas para cultivar la curiosidad y fomentar una comprensión profunda. Explorarán temas de derechos humanos a través de actividades prácticas, conversaciones y proyectos de investigación, culminando en una tarea de desempeño auténtica.

Semana 1: Introducción a los Derechos Humanos

Actividad Introductoria Atractiva

Título: "¿Qué Son los Derechos Humanos?"

-   Objetivo: Introducir a los estudiantes al concepto de derechos humanos y su contexto histórico.

- Actividad: Los estudiantes ven un corto documental sobre la Declaración Universal de los Derechos Humanos (DUDH) seguido de una conversación en clase.
- Preguntas Guía:
- ¿Qué son los derechos humanos?
- ¿Cómo se desarrolló históricamente el concepto de derechos humanos?
- ¿Por qué son importantes los derechos humanos en el mundo actual?

Lección por Indagación

Título: "Derechos Humanos en Nuestras Vidas"

- Objetivo: Conectar los derechos humanos con las experiencias personales de los estudiantes.
- Actividad: Los estudiantes crean un "Diario de Derechos Humanos" donde documentan instancias de derechos humanos (o violaciones) que observan en su vida diaria.
- Pregunta Metacognitiva: Reflexiona sobre cómo el entender los derechos humanos cambia tu perspectiva sobre los eventos diarios.

Semana 2: Estudios de Caso en Derechos Humanos

Lección Interactiva

Título: "Análisis de Estudios de Caso de Derechos Humanos"

- Objetivo: Comprender la aplicación de los derechos humanos en diferentes contextos.
- Actividad: Los estudiantes se dividen en grupos y se les asignan diferentes estudios de caso de derechos humanos (por ejemplo, el apartheid en Sudáfrica, la crisis de refugiados sirios, los derechos de las mujeres en Afganistán). Cada grupo presenta su estudio de caso y conversan sobre su impacto.
- Preguntas Guía:
- ¿Qué derechos humanos se están respetando o violando en este caso?
- ¿Cuáles son las implicaciones sociales, políticas y económicas de estos derechos o violaciones?
- ¿Cómo responden diferentes actores (gobiernos, ONG, individuos) a estos problemas?

Actividad Práctica

Título: "Mapa de Derechos Humanos"

- Objetivo: Visualizar el panorama global de los derechos humanos.
- Actividad: Los grupos crean un mapa digital o físico que destaca diferentes problemas de derechos humanos en el mundo.

- Pregunta Metacognitiva: Considera cómo la geografía y la cultura influyen en los problemas de derechos humanos.

Semana 3: Derechos Humanos y Política Global

Lección por Indagación

Título: "Organizaciones de Derechos Humanos"

- Objetivo: Aprender sobre organizaciones que trabajan para proteger los derechos humanos.
- Actividad: Los estudiantes investigan y presentan sobre varias organizaciones de derechos humanos (por ejemplo, Amnistía Internacional, Human Rights Watch, Consejo de Derechos Humanos de la ONU).
- Preguntas Guía:
- ¿Cuáles son los principales objetivos de estas organizaciones?
- ¿Cómo operan e influyen estas organizaciones en la política global?
- ¿Qué desafíos enfrentan estas organizaciones?

Lección Interactiva

Título: "Simulación de una Reunión del Consejo de Derechos Humanos de la ONU"

- Objetivo: Experimentar las complejidades de la política global y las negociaciones sobre derechos humanos.
- Actividad: Los estudiantes representan a diferentes países en una simulación de una reunión del Consejo de Derechos Humanos de la ONU, debatiendo y negociando resoluciones sobre problemas actuales de derechos humanos.
- Pregunta Metacognitiva: Reflexiona sobre los desafíos de alcanzar consenso sobre problemas de derechos humanos en un contexto global.

Semana 4: Tarea de Desempeño Auténtica Culminante

Tarea de Desempeño

Título: "Campaña de Defensa de los Derechos Humanos"

- Objetivo: Crear una campaña integral para crear conciencia sobre un problema específico de derechos humanos.
- Actividad: Los estudiantes trabajan en grupos para desarrollar una campaña de defensa, incluyendo un informe de investigación, una presentación digital, publicaciones en redes sociales y un plan para un evento comunitario.
- Preguntas Guía:
- ¿En qué problema de derechos humanos se centrará tu campaña?
- ¿Quién es tu público objetivo y cómo lo involucrarás?
- ¿Qué estrategias usarás para crear conciencia y abogar por el cambio?

Rúbrica de la Tarea de Desempeño:

Criterio	Excelente (4)	Bueno (3)	Satisfactorio (2)	Necesita Mejorar (1)
Informe de Investigación	Demuestra un entendimiento profundo y completo del tema con fuentes confiables y detalladas.	Muestra un entendimiento sólido del tema con algunas fuentes relevantes.	Presenta un entendimiento básico del tema con fuentes limitadas o poco claras.	Carece de un entendimiento claro del tema y utiliza fuentes insuficientes.
Presentación Digital	La presentación es visualmente atractiva, bien organizada y comunica ideas de manera efectiva.	La presentación es clara y organizada, con algunas áreas que podrían mejorar.	La presentación es básica y carece de organización o impacto visual.	La presentación es confusa, desorganizada y no comunica ideas de manera clara.
Publicaciones en Redes Sociales	Las publicaciones son creativas, atractivas y alineadas con el mensaje del proyecto.	Las publicaciones son claras y relevantes, con algunas oportunidades de mejora.	Las publicaciones son básicas y carecen de creatividad o impacto.	Las publicaciones son irrelevantes o no están alineadas con el proyecto.
Plan de Evento Comunitario	El plan es detallado, factible y demuestra un enfoque innovador para involucrar a la comunidad.	El plan es claro y práctico, con algunas áreas que podrían mejorarse.	El plan es básico y carece de detalles o viabilidad.	El plan es poco claro, poco práctico o no aborda las necesidades de la comunidad.

Resumen del Capítulo

Este capítulo profundizó en el arte de elaborar y refinar prompts para mejorar las interacciones con herramientas de IA, resaltando la naturaleza dinámica y conversacional del compromiso con la IA en lugar de depender de bibliotecas de prompts estáticos. El capítulo introduce el marco I.D.E.A.S.—Indagar, Diseñar, Enganchar, Adaptar, Sintetizar—basado en los cinco cánones de la retórica—Inventio, Dispositio, Elocutio, Memoria y Pronuntiatio—que informan aún más el arte de la comunicación al desarrollar prompts. Estos principios de la retórica clásica se aplican a las interacciones modernas de IA, ilustrando cómo las estrategias de comunicación antiguas pueden mejorar las tecnologías educativas contemporáneas.

I.D.E.A.S. es un método estructurado pero adaptable para desarrollar prompts efectivos. Comienza cualquier interacción con una herramienta de IA con indagar, diseñar y enganchar, y lee la salida antes de pasar a adaptar y sintetizar.

- Indagar: Comienza identificando lo que quieres que haga la herramienta de IA. Define claramente las preguntas o tareas que quieres que la IA aborde.
- Diseñar: Crea prompts específicos que guíen a la IA para diseñar o generar el contenido que necesitas. Este paso implica articular tus requisitos de una manera que la IA pueda entender y actuar en consecuencia.
- Enganchar: Esto incluye decidir cómo presentarás la información para asegurar una experiencia de aprendizaje atractiva.
- Adaptar y Sintetizar: Sintetiza la información recopilada a través de la IA para mejorar los resultados de aprendizaje. Usa las respuestas y la retroalimentación de la IA para

refinar tu enfoque. Haz los ajustes necesarios basándote en qué tan bien la salida de la IA satisface tus necesidades y mejora la participación de los estudiantes.

Este enfoque ayuda a refinar continuamente las interacciones para lograr una comunicación más clara y efectiva. Al adoptar este enfoque iterativo, los educadores pueden superar las limitaciones de las meras bibliotecas de prompts para lograr los resultados deseados. El capítulo concluye destacando el potencial de los prompts bien elaborados para transformar la IA en una gran herramienta para la educación, alentando a los educadores a adoptar este proceso dinámico como parte de su estrategia de enseñanza.

Preguntas de Diálogo

1. Reflexionando sobre las Bibliotecas de Prompts: El capítulo sugirió que depender únicamente de una biblioteca de prompts puede ser engorroso y limitar la creatividad y flexibilidad. Habla acerca de las ventajas y desventajas que has experimentado al usar bibliotecas de prompts en tu enseñanza. ¿Cómo puede ir más allá de estas bibliotecas mejorar tu interacción con cualquier herramienta de IA?

2. Importancia de una Conversación Natural Continua: El capítulo enfatizó el valor de tratar las interacciones con la IA como conversaciones naturales continuas. ¿Cómo cambia este enfoque la forma en que podrías usar típicamente las herramientas de IA? Comparte ejemplos de cómo iniciar un diálogo dinámico con la IA podría mejorar los resultados de aprendizaje en tus clases.

3. Aplicando el Marco I.D.E.A.S.: Habla de cómo el marco I.D.E.A.S. (Indagar, Diseñar, Enganchar, Adaptar, Sintetizar) podría integrarse en tus interacciones con cualquier herramienta de IA.

Oportunidad de Artefacto

Taller de Desarrollo de Prompts:

Prueba el marco I.D.E.A.S., prueba los prompts con una herramienta de IA e itera basándote en las respuestas. Comparte prompts exitosos e ideas con la comunidad educativa más amplia.

CAPÍTULO 7
OPTIMIZANDO EL ÉXITO

"Me imagino un mundo en el que la IA nos hará trabajar
de manera más productiva, vivir más tiempo y tener
energía más limpia."
—Fei-Fei Li

¿Cómo Pueden las Herramientas de IA Mejorar el Flujo de Trabajo y la Creatividad de los Educadores?

La inteligencia artificial ha sido un elemento constante durante algún tiempo y, aunque soy relativamente nuevo en sus aplicaciones, mi viaje con ella comenzó con solo tres interacciones con ChatGPT. Decidí profundizar más, y me impresionó la vasta gama de herramientas educativas de IA disponibles que, aunque impresionantes, también pueden resultar abrumadoras. A lo largo de mi exploración de la IA, llegué a comprender la importancia de poseer una comprensión profunda de cómo incorporarla de manera efectiva en la pedagogía de enseñanza y aplicarla de manera apropiada.

Como educadora, actualmente utilizo una variedad de herramientas de IA. Estas herramientas han mejorado significativamente mi productividad y han servido como trampolines valiosos para ideas en la planificación de clases. Con un solo prompt puedo generar muchas ideas para una clase o unidad que luego puedo adaptar a mis necesidades. Además, uso la IA para generar rúbricas de evaluación, haciendo referencias cruzadas de los prompts en diferentes herramientas para encontrar lo que mejor se adapta a mis estudiantes y entorno de enseñanza. Advertiría a cualquiera que también use prompts adicionales para lograr el mejor resultado.

> Como con cualquier herramienta de IA, es importante reconocer que debes hacer adaptaciones para alinearla con tus necesidades, a la vez que entendemos las limitaciones que trae la IA de por sí. Hay muchos usos para los maestros que ayudan a ahorrar tiempo, pero creo que debes tener en cuenta que estas herramientas no son infalibles.
>
> Angela Skinner, profesora de Nueva Zelanda, maestra de tercer grado, Qatar Academy Al Wakra

¡Los maestros están constantemente presionados por el tiempo - !es una lucha universal. Este capítulo explora cómo la IA puede ser un factor decisivo para la planificación y el flujo de trabajo, ¡ahorrándonos tiempo a todos! Nos centraremos en cómo la IA puede potenciar tu eficiencia, mientras te aseguras de mantener el control. Permanecerás al mando de tu contenido y empoderado para tomar decisiones basadas en los conocimientos que proporcionan las herramientas de IA.

Mejorando el Flujo de Trabajo del Educador

No es ningún secreto: los maestros están haciendo malabares más que nunca. Pero imagina un mundo donde la IA interviene para manejar lo rutinario, liberándote para enfocarte en lo que realmente importa: conectar con tus estudiantes y fomentar su crecimiento. La IA puede ser esa mano amiga, optimizando tu flujo de trabajo para que puedas dedicar tu energía a crear un ambiente de aprendizaje atractivo.

Imagen generada por DALL·E 3, 2024

La IA ofrece herramientas útiles para optimizar los flujos de trabajo y aliviar la carga de tareas mundanas, permitiendo a los educadores centrarse en lo que realmente importa: desarrollar una buena relación con los estudiantes y promover un aprendizaje motivador. Al automatizar tareas administrativas rutinarias y proporcionar retroalimentación instantánea, la IA puede mejorar la eficiencia y efectividad, permitiendo a los educadores crear un ambiente de aprendizaje más dinámico y de alto impacto. Estas son algunas formas en que la IA puede mejorar el flujo de trabajo de los maestros:

1. Automatización de Tareas Administrativas

La tecnología de IA ofrece un potencial transformador para optimizar varias tareas administrativas y rutinarias que a menudo consumen una parte significativa del tiempo de los maestros. Al aprovechar la IA, los educadores pueden automatizar el proceso de calificación, gestionar la programación y manejar las comunicaciones de manera más eficiente, liberando tiempo para centrarse en las interacciones con los estudiantes y fomentar un mejor equilibrio entre trabajo y vida personal. La integración de la IA no solo mejora la productividad sino que también mejora la experiencia educativa general al permitir que los maestros dediquen más energía a su misión principal: fomentar el aprendizaje y crecimiento de los estudiantes.

- Programación y Recordatorios: Los asistentes de IA pueden programar reuniones, establecer recordatorios para fechas límite importantes y coordinar reuniones entre padres y maestros.
- Tareas Administrativas Rutinarias: La IA puede manejar varias tareas administrativas rutinarias como el seguimiento de asistencia y la comunicación con los padres. Esto reduce la carga administrativa de los maestros, liberando más tiempo para la planificación docente y la interacción con los estudiantes.

- Horarios Escolares: La IA está revolucionando la creación de horarios escolares al gestionar eficientemente la compleja red de restricciones que a menudo complican la programación. Estas restricciones pueden incluir la disponibilidad de los maestros, asignación de aulas, tamaños de clase y necesidades específicas de los estudiantes. Los algoritmos avanzados de IA pueden analizar grandes cantidades de datos para optimizar los horarios, asegurando que se cumplan todos los requisitos mientras se minimizan los conflictos. Esto no solo ahorra tiempo al equipo directivo sino que también crea horarios más equilibrados y efectivos, mejorando la experiencia educativa tanto para estudiantes como para el personal docente.

  Herramientas de Ejemplo: ClassDojo, PowerSchool, MagicSchool

Al manejar tareas administrativas rutinarias como la programación, las herramientas de IA alivian significativamente la carga de tiempo de los educadores. Esta automatización permite a los maestros mantener una programación efectiva y optimizada sin el estrés asociado, permitiéndoles en última instancia dedicar más energía a sus responsabilidades principales de enseñanza y compromiso con los estudiantes.

2. Comunicación entre Padres y Maestros

- Descripción: La IA puede facilitar una mejor comunicación entre padres y maestros mediante la redacción de correos electrónicos, la automatización de actualizaciones rutinarias, la programación de conferencias entre padres y maestros, y el suministro de información sobre el progreso y comportamiento de los estudiantes.

  Ejemplos de Herramientas: ParentSquare, MagicSchool

La gestión de la comunicación por correo electrónico puede consumir mucho tiempo para los maestros, especialmente cuando se trata de consultas frecuentes de estudiantes y padres. La IA puede ayudar a simplificar y optimizar este proceso mediante la redacción y envío de correos electrónicos rutinarios como recordatorios, anuncios y seguimientos, ahorrando a los maestros un tiempo considerable.

3. Chatbots de IA

- **Chatbots Específicos:** Los chatbots de IA pueden adaptarse para satisfacer las necesidades específicas de diferentes departamentos dentro de tu escuela. Por ejemplo, el departamento de RRHH podría implementar un chatbot de IA para responder preguntas básicas sobre contratos, beneficios y otras consultas relacionadas con recursos humanos. Esto optimizaría la comunicación y liberaría al personal de RRHH para enfocarse en asuntos más complejos. De manera similar, el departamento de Matemáticas podría utilizar un chatbot de IA para abordar preguntas sobre el programa de estudios, guiar a los estudiantes a través de evaluaciones y proporcionar recursos adicionales para aprender conceptos matemáticos específicos. Esto ayuda a asegurar que los estudiantes y padres reciban información oportuna y precisa, mejorando la experiencia educativa.
- **Retroalimentación Instantánea sobre Tareas:** Los chatbots de IA pueden proporcionar retroalimentación instantánea sobre tareas, ayudando a los estudiantes a mejorar su trabajo en tiempo real. Herramientas como Grammarly, Quill y ProWritingAid pueden analizar la escritura, sugerir correcciones y ofrecer consejos para mejorar.

- **Práctica de Idiomas:** Los chatbots de IA pueden participar en conversaciones en el idioma objetivo, ayudando a los estudiantes con la práctica del idioma. Este enfoque interactivo ayuda a los estudiantes a desarrollar sus habilidades lingüísticas a través de experiencias conversacionales prácticas.

Al integrar chatbots de IA en la comunidad y el proceso de aprendizaje, las escuelas pueden optimizar ciertos procesos y los maestros pueden mejorar el compromiso estudiantil, proporcionar retroalimentación inmediata y apoyar el desarrollo del lenguaje. Esto no solo enriquece la experiencia educativa sino que también permite a los maestros enfocarse más en la docencia personalizada y otras actividades críticas de enseñanza.

4. Herramientas de Traducción en Tiempo Real y Accesibilidad

- **Traducción en Tiempo Real:** Para aulas con hablantes no nativos, las herramientas potenciadas por IA pueden proporcionar traducción en tiempo real. Esto asegura que todos los estudiantes puedan entender y participar con el material de manera equitativa.
- **Características de Accesibilidad:** Las herramientas de IA que ofrecen servicios de voz a texto o texto a voz (y pronto voz a voz) pueden ayudar a los estudiantes neurodiversos a acceder e interactuar con el contenido del aula de manera más efectiva, creando un ambiente de aprendizaje más inclusivo.
- **Apoyo al 'Translanguaging':** Otro aspecto crucial de estas herramientas es el translenguaje, que reconoce y aprovecha los repertorios lingüísticos completos de los

estudiantes. El translenguaje permite a los estudiantes usar sus lenguas maternas junto con el idioma de instrucción, fomentando una comprensión más profunda y experiencias de aprendizaje más significativas.

Al integrar herramientas de IA que apoyan traducciones eficientes, los educadores pueden facilitar transiciones fluidas entre idiomas, mejorar la comprensión y validar las identidades lingüísticas y culturales de todos los estudiantes. Esto no solo ayuda en el desarrollo del lenguaje sino que también asegura que cada estudiante tenga la oportunidad de participar plenamente y con confianza en las actividades del aula.

5. Cartas de Recomendación para Estudiantes

- **Cartas de Referencia Personalizadas**: La IA puede ayudar a generar cartas de referencia personalizadas para estudiantes mediante el análisis de datos y rendimiento estudiantil. Esto proporciona un borrador sólido que los maestros pueden luego refinar, ahorrando tiempo y asegurando que cada carta destaque las fortalezas y logros del estudiante de manera efectiva.

Al aprovechar la IA para esta tarea, los educadores pueden generar un borrador de alta calidad de una carta de recomendación, ahorrando tiempo valioso. Esto les permite refinar y personalizar rápidamente el contenido, sin quedarse atascados en el proceso inicial de redacción.

6. Visualización de Datos Impulsada por IA

- **Descripción:** Las herramientas de IA pueden transformar datos complejos en visualizaciones fáciles de entender, ayudando a los educadores a analizar el rendimiento estudiantil, rastrear el progreso e identificar tendencias. Esto permite a los educadores tomar decisiones basadas en datos y adaptar sus estrategias de enseñanza en consecuencia.

  Ejemplos de Herramientas: Tableau, GPT-4o, Google Data Studio (Looker Studio)

Estos son solo algunos ejemplos de cómo la IA puede mejorar el flujo de trabajo y ahorrar tiempo para los educadores. Al automatizar tareas rutinarias, generar borradores de documentos y proporcionar retroalimentación en tiempo real, la IA permite a los maestros enfocarse más en lo que verdaderamente importa: interactuar con los estudiantes y fomentar un ambiente de aprendizaje dinámico. Hay muchas más formas en que la IA puede integrarse en las prácticas educativas para mejorar la eficiencia y efectividad, ofreciendo posibilidades infinitas para la innovación en el aula.

Impulsando la Creatividad del Educador

Las herramientas de IA tienen un inmenso potencial para despertar la creatividad en los educadores, ofreciendo vías innovadoras para el compromiso estudiantil y enriqueciendo las experiencias de aprendizaje. Al adoptar la IA, los maestros pueden explorar nuevos horizontes en la creación de contenido, diseñar actividades interactivas dinámicas y desarrollar lecciones con mayor impacto. Esta sección profundiza en cómo la IA puede empoderar a los educadores para liberarse de los métodos tradicionales de enseñanza e infundir sus prácticas con enfoques frescos e imaginativos.

1. Mejorando la Planificación Curricular:

- **Tormentas de Ideas:** La IA puede facilitar sesiones de tormentas de ideas generando ideas creativas para cualquier aspecto de la planificación curricular.
- **Sugerencias de Planes de Lección:** La IA puede proporcionar ideas innovadoras de planes de lección y plantillas alineadas con los estándares curriculares, ahorrando tiempo en la planificación y aumentando la efectividad de la enseñanza.
- **Creación y Gestión de Proyectos:** La IA también puede ayudar a los maestros en la creación de proyectos educativos atractivos y en su gestión más efectiva. Las herramientas de IA pueden sugerir ideas de proyectos, proporcionar plantillas y ofrecer guías paso a paso para ayudar a los educadores a diseñar proyectos innovadores e interactivos que se alineen con los estándares curriculares.
- **Recomendaciones de Recursos:** La IA puede seleccionar y recomendar recursos educativos como artículos, videos y herramientas interactivas (ver la herramienta "Crear con IA" en Padlet) que se alineen con lecciones o unidades específicas.

Ejemplos de Herramientas: PowerSchool, MagicSchool, Eduaide, Padlet, cualquier LLM

La IA puede enriquecer significativamente el proceso de planificación curricular al proporcionar una gran cantidad de ideas creativas y sugerencias que se alinean con las mejores prácticas pedagógicas. La IA puede ofrecer ideas y estrategias de enseñanza innovadoras, ayudando a los educadores a diseñar lecciones que sean tanto atractivas como educativamente sólidas. Este enfoque permite un desarrollo curricular significativo, asegurando que los planes de lección permanezcan relevantes y adaptables a varios entornos de aprendizaje, mejorando así la experiencia educativa general.

2. Creación y Mejora de Contenido:

- **Creación de Contenido Multimedia:** La IA puede ayudar en la creación de contenido multimedia, como videos interactivos, cuestionarios y presentaciones. Herramientas como Canva y Adobe Spark utilizan IA para simplificar el proceso de diseño, permitiendo a los maestros crear materiales visualmente atractivos sin necesidad de habilidades extensas en diseño gráfico.

  Ejemplos de Herramientas: Canva, Adobe Spark, Curipod

Al utilizar la IA para la creación de contenido, los educadores pueden producir materiales atractivos y de alta calidad de manera eficiente, mejorando la experiencia general de aprendizaje para sus estudiantes.

3. Asistencia para Escritura Creativa y Narración:

- **Prompts de Escritura y Desarrollo de Historias:** Las herramientas de IA pueden ayudar en la escritura creativa y la narración, proporcionando indicaciones, sugerencias para el desarrollo de personajes e ideas para tramas. Estas herramientas pueden analizar temas, géneros y estilos de escritura para generar ideas que se alineen con los objetivos de la lección. Los educadores pueden usar estos elementos generados por IA para diseñar tareas de escritura creativa o sesiones de narración más atractivas, animando a los estudiantes a explorar su imaginación y mejorar sus habilidades de escritura.

4. Simulaciones Interactivas y Experimentos de Laboratorio:

- **Experiencias de Laboratorio Virtual:** La IA puede crear simulaciones interactivas y experimentos de laboratorio virtuales, permitiendo a los estudiantes explorar conceptos complejos en un entorno controlado y sin riesgos. Estas simulaciones pueden imitar procesos y experimentos del mundo real, proporcionando experiencias de aprendizaje prácticas sin las limitaciones de los recursos físicos. Esto puede inspirar a los educadores a incorporar más actividades de aprendizaje experiencial en su plan de estudios, haciendo que materias como ciencia e ingeniería sean más accesibles y atractivas.

Ejemplos de Herramientas: PhET Interactive Simulations — Ofrece simulaciones gratuitas en ciencia y matemáticas, permitiendo a los estudiantes manipular variables y observar resultados en tiempo real. Aunque técnicamente no son herramientas de IA, sí utilizan IA para crear las simulaciones.

5. Creación de Arte y Música Impulsada por IA:

- **Generación de Arte y Música:** La IA puede ayudar en la creación de arte y música al generar obras de arte o componer música basada en entradas específicas de los educadores. Estas herramientas pueden analizar estilos, temas y géneros para producir piezas originales que pueden usarse en proyectos o actividades del aula. Esto puede ser una gran herramienta para maestros de arte, música o cualquier docente que busque inspirar creatividad en sus estudiantes, ya que les permite explorar diferentes expresiones artísticas y composiciones musicales sin necesidad de habilidades técnicas extensas.

Ejemplos de Herramientas: DALL·E 3, Shutterstock AI Image Generator, Mubert, MagicSchool

Resumen del Capítulo

En este capítulo, analizamos el papel crucial que desempeñan los educadores en la integración de la inteligencia artificial (IA) en su planificación y flujo de trabajo. Nos centramos en cómo la IA puede mejorar la eficiencia del flujo de trabajo y potenciar las capacidades de enseñanza, garantizando al mismo tiempo que los docentes mantengan el control del contenido educativo y tomen decisiones informadas basadas en los resultados proporcionados por la IA. Las herramientas de IA pueden automatizar tareas administrativas rutinarias, como la programación de horarios, el seguimiento de asistencia y la comunicación con los padres, reduciendo significativamente la carga administrativa de los profesores. Esta automatización permite que los educadores dediquen más tiempo a la planificación de la enseñanza y a la interacción con los estudiantes, mejorando así la experiencia de aprendizaje.

Además, la IA puede optimizar la comunicación entre padres y docentes, proporcionar retroalimentación instantánea sobre las tareas de los estudiantes y ofrecer traducción de idiomas en tiempo real, así como funciones de accesibilidad para crear un entorno de aprendizaje más inclusivo. También puede ayudar a generar borradores personalizados de cartas de recomendación para los estudiantes, ahorrando un tiempo valioso a los educadores. Estos ejemplos ilustran cómo la IA puede ayudar a los docentes a centrarse en lo que realmente importa: interactuar con los estudiantes y fomentar un entorno de aprendizaje dinámico.

Este capítulo también exploró cómo la IA puede estimular la creatividad de los educadores. Las herramientas de IA presentan oportunidades únicas para mejorar e inspirar la creatividad, ofreciendo formas innovadoras de involucrar a los estudiantes y enriquecer sus experiencias de aprendizaje. Al integrar la IA, los docentes pueden explorar nuevos métodos para la creación de contenido, facilitar actividades interactivas dinámicas y desarrollar lecciones más impactantes. La IA puede ayudar en la planificación curricular proporcionando sugerencias de planes de lecciones, ideas para proyectos y recomendaciones de recursos, además de facilitar la creación de contenido multimedia y simulaciones interactivas.

Al aprovechar la IA, los educadores pueden ir más allá de los métodos tradicionales e introducir enfoques frescos e imaginativos en sus prácticas de enseñanza, fomentando, en última instancia, un entorno educativo más atractivo y emocionante.

Preguntas de Diálogo

1. ¿Cómo pueden las herramientas de IA ayudarte específicamente a automatizar las tareas administrativas rutinarias en tu práctica docente diaria? Analiza cómo la IA puede reducir el tiempo dedicado a tareas como la programación de horarios, el seguimiento de asistencia y la comunicación con los padres. ¿Qué tareas específicas te consumen más tiempo y cómo podría la IA aliviar esta carga?

2. ¿De qué manera la IA puede mejorar la comunicación entre docentes, padres y estudiantes? Explora el potencial de la IA para optimizar y mejorar los canales de comunicación. ¿Cómo podrían las herramientas de IA, como los chatbots y los correos electrónicos automatizados, cambiar la forma en que interactúas con los padres y estudiantes? ¿Qué beneficios y desafíos prevés?

3. ¿Cuáles son algunas formas innovadoras en las que podrías incorporar la IA para impulsar la creatividad en tu planificación curricular y prácticas de enseñanza? Reflexiona sobre cómo la IA puede ayudar en la generación de ideas para planes de lecciones, la creación de contenido multimedia y el desarrollo de simulaciones interactivas. ¿Cómo pueden estas herramientas inspirarte a probar nuevos métodos de enseñanza y mejorar la participación de los estudiantes?

Oportunidad de Artefacto

Exploración de herramientas de IA:

Elige una herramienta de IA que pueda ayudarte a optimizar tu flujo de trabajo (por ejemplo, programación de horarios, calificación de tareas). Experimenta con la herramienta, documenta tu experiencia y comparte cómo ha impactado tu flujo de trabajo y eficiencia con tus compañeros.

PARTE 3

EL USO DE LA IA CENTRADO EN EL ALUMNO: MEJORANDO LA HUMANIDAD

¿CÓMO PUEDE LA PEDAGOGÍA POTENCIADA POR IA DESARROLLAR UN ALUMNO ÉTICO Y HUMANISTA?

Imagen generada por DALL·E 3, 2024

CAPÍTULO 8
EL ALUMNO ÉTICO

*"Si fueras una computadora y leyeras todos los artículos sobre
IA y extrajeras los nombres citados, te garantizo que las
mujeres rara vez aparecen.
Por cada mujer que ha sido citada sobre tecnología de IA,
hay cien veces más citas de hombres."*
—Fei-Fei Li, científica informática en la Universidad de Stanford

¿Cómo podemos desarrollar alumnos éticos?

Recientemente, asigné a mis estudiantes de Máster un desafío: analizar un documento denso y extenso utilizando una herramienta de IA diseñada para la síntesis rápida de información. Mientras que algunos grupos realizaron esta tarea con destreza, verificando los resultados de la IA con el texto original, un grupo tuvo dificultades. Presentaron hallazgos que eran claramente incorrectos y culparon directamente a la IA. *"Simplemente se equivocó,"* insistieron. Esto levantó una señal de alerta. Es desconcertante que no realizaran una evaluación crítica, especialmente sabiendo que la IA a veces genera información incorrecta. ¿Por qué compartieron el resultado de una herramienta de IA sin revisarlo? Esta situación reveló una preocupante brecha en su alfabetización en IA, lo que señala un dilema ético más amplio. ¿Estamos proporcionando a los estudiantes herramientas de IA poderosas sin inculcarles las habilidades de pensamiento crítico y la conciencia ética necesarias para utilizarlas de manera responsable? Las implicaciones son significativas y nos llevan a considerar el tipo de ciudadanos digitales que estamos formando en un mundo cada vez más impulsado por la IA.

A medida que la IA se integra cada vez más en nuestras vidas, es fundamental abordar las consideraciones éticas que acompañan su uso. Este capítulo explora cómo podemos enseñar a los estudiantes a usar la IA de manera responsable y ética. Examinaremos la importancia de reconocer el sesgo, comprender marcos éticos y desafiar los estereotipos en las aplicaciones de IA. Nuestro objetivo es cultivar una nueva generación de ciudadanos digitales que no solo sean expertos en el uso de la IA, sino que también sean profundamente conscientes de sus implicaciones éticas.

El uso ético de la IA consiste en garantizar que el uso de esta poderosa herramienta sea siempre justo y equitativo, evitando sesgos que puedan perjudicar o marginar a ciertos estudiantes. Al empoderar a los usuarios —y con esto me refiero tanto a los alumnos como a los educadores— con las herramientas y conocimientos necesarios

Imagen generada por DALL·E 3, 2024

para utilizar la IA de manera efectiva y responsable, podemos garantizar que la tecnología nos sirva a nosotros, y no al revés. Así que, como ves, se trata de guiar el desarrollo de la IA de manera que no solo mejore los resultados educativos, sino que también se alinee con nuestros valores más profundos como educadores.

Comprender la Ética

La ética abarca los principios y directrices que rigen el desarrollo y la implementación de la IA. A medida que los sistemas de IA influyen cada vez más en diversos aspectos de la vida, desde la atención médica hasta la justicia penal, se vuelve fundamental inculcar un uso ético y responsable.

Enseñar a los estudiantes sobre la ética de la IA implica lo siguiente:

1. **Responsabilidad moral:** Enfatizar las responsabilidades morales de quienes desarrollan y utilizan sistemas de IA. Los estudiantes deben comprender que sus decisiones pueden impactar a la sociedad de manera positiva o negativa.
2. **Transparencia y rendición de cuentas:** Promover la transparencia en los procesos de IA y la rendición de cuentas respecto a los resultados producidos por los sistemas de IA. Esto garantiza que las operaciones de la IA sean comprensibles y que haya una cadena clara de responsabilidad.
3. **Privacidad y seguridad:** Educar a los estudiantes sobre la importancia de la privacidad de los datos y las medidas necesarias para proteger la información personal contra el uso indebido o el acceso no autorizado.

Los educadores desempeñan un papel fundamental en la inculcación de valores éticos a través de experiencias de aprendizaje significativas y el análisis de estudios de caso. A continuación, se presentan algunos ejemplos de lecciones sobre ética generadas por IA de un profesor de Teoría del Conocimiento

(*TdC*) del Bachillerato Internacional (IB). Aquí hay un relato interesante de una profesora con amplia experiencia sobre un ejemplo de IA utilizada en lecciones de TdC, generado en Llama-3-70B-T, en Poe (3 de mayo de 2024):

He estado experimentando con la IA durante un tiempo y trabajando en mejorar la calidad de mis indicaciones.

En una clase de teoría del conocimiento en la escuela secundaria, los estudiantes se reunieron con gran expectación mientras presentaba los vívidos escenarios generados por la IA, describiendo intrincados experimentos en ciencias humanas. Cada uno de ellos estaba diseñado para debatir sobre la ética, una de las cuatro piedras angulares del marco de TdC.

Después de dar su consentimiento para participar, los estudiantes formaron grupos y a cada uno se le asignó un experimento en ciencias humanas generado por IA para evaluar su percepción del sesgo cultural. Sumergidos en conversaciones animadas, profundizaron en las implicaciones éticas, analizando los posibles riesgos, beneficios y dilemas morales que rodeaban cada escenario.

Los debates se volvieron intensos a medida que los estudiantes lidiaban con las complejidades éticas, considerando el impacto psicológico en los participantes y la importancia del consentimiento informado. Con mentes encendidas, aplicaron conceptos de TdC para analizar críticamente la fiabilidad, validez e implicaciones éticas de los experimentos.

El aula se transformó en un campo de batalla intelectual de ideas, fomentando la empatía, el pensamiento crítico y una apreciación de los desafíos éticos incrustados en el ámbito de las ciencias humanas.

Empoderados con un conocimiento recién adquirido, los estudiantes surgieron como pensadores conscientes, equipados para navegar por las complejidades éticas que subyacen en la producción del conocimiento en las ciencias humanas.

Aquí están los experimentos que hicimos:

Experimento 1: "La Lente Cultural"

- **Escenario:** Un grupo diverso de estudiantes recibe una serie de imágenes que representan diversas prácticas culturales, tradiciones y costumbres de todo el mundo. A cada estudiante se le asigna un par de gafas con un "lente cultural" específico (por ejemplo, occidental, oriental, africano, etc.), lo que influye en su percepción de las imágenes.

- **Metodología:** Se les pide a los estudiantes que describan e interpreten las imágenes mientras usan su lente cultural asignado. Luego, discuten sus observaciones en pequeños grupos, explorando cómo su sesgo cultural afecta su comprensión de las imágenes.
- **Conclusión:** Este experimento revela cómo el sesgo cultural puede dar forma a nuestras percepciones e interpretaciones de las prácticas culturales, destacando la importancia de considerar múltiples perspectivas en la producción del conocimiento.

Experimento 2: "La Entrevista Ciega"

- **Escenario:** Se forman parejas de estudiantes para realizar una simulación de entrevista de trabajo. Un estudiante actúa como entrevistador y el otro como entrevistado. El giro: el entrevistador recibe una serie de suposiciones sesgadas sobre el trasfondo cultural del entrevistado, mientras que este último no es consciente de dichas suposiciones.
- **Metodología:** La entrevista se desarrolla de manera normal, con el entrevistador haciendo preguntas y tomando notas. Después de la entrevista, los estudiantes analizan sus experiencias, explorando cómo las suposiciones sesgadas influyeron en el proceso de entrevista.
- **Conclusión:** Este experimento demuestra cómo el sesgo cultural puede afectar nuestras interacciones y procesos de toma de decisiones, muchas veces de manera inconsciente. Destaca la importancia de reconocer y abordar estos sesgos en entornos profesionales y personales.

Experimento 3: "La Fusión Cultural"

- **Escenario:** Los estudiantes se dividen en pequeños grupos y tienen la tarea de crear una nueva práctica o tradición cultural combinando elementos de diferentes culturas. Se les proporciona un conjunto de artefactos culturales, música e imágenes al azar para inspirar su creación.
- **Metodología:** Cada grupo presenta su fusión cultural, explicando las influencias culturales y la importancia de su creación. La clase luego discute las implicaciones de la fusión cultural, explorando cómo puede enriquecer y desafiar nuestra comprensión de la identidad cultural.
- **Conclusión:** Este experimento revela las complejidades del intercambio cultural y el potencial del sesgo cultural para influir en nuestras percepciones de la fusión cultural. Destaca la importancia de considerar las implicaciones éticas de la apropiación y la apreciación cultural.

Experimento 4: "El Desafío del Artefacto Cultural"

- **Metodología:** Los estudiantes se dividen en grupos y se les pide que traigan un artefacto cultural que represente su propio trasfondo cultural. Los artefactos se muestran de forma anónima y a cada grupo se le asigna la tarea de analizar e interpretar los artefactos desde una perspectiva neutral. Deben identificar posibles sesgos o suposiciones que puedan tener y evaluar críticamente cómo estos sesgos influyen en su comprensión de los artefactos.
- **Justificación ética:** Este experimento tiene como objetivo generar conciencia sobre los sesgos culturales al animar a los estudiantes a reflexionar sobre sus propias perspectivas. Fomenta la apreciación de la diversidad de expresiones culturales al tiempo que promueve la empatía y la comprensión. La anonimización de los artefactos mitiga cualquier daño potencial o prejuicio que pudiera surgir de juicios personales.

Generado por Llama-3-70B-T, 2024
Lucie Lecocq-Otsing
Profesora de Francés / TdC DP / Coordinadora del IBDP y líder curricular

Deepfakes

En 2023, el actor ganador del Premio de la Academia Tom Hanks recurrió a Instagram para expresar su preocupación por el uso no autorizado de la IA para recrear su imagen, destacando un video deepfake en el que aparecía una versión generada por IA de sí mismo promocionando un plan dental. La advertencia de Hanks puso de manifiesto el creciente problema de los deepfakes y los dilemas éticos en torno al uso de la IA para manipular y explotar la imagen de figuras públicas sin su consentimiento. Los deepfakes, alteraciones digitales hiperrealistas creadas con IA, pueden generar imágenes, videos o grabaciones de audio convincentes pero completamente fabricadas, capaces de engañar al público, manipular opiniones y dañar reputaciones. Ejemplos notorios incluyen videos falsificados del expresidente de EE.UU. Barack Obama y del CEO de Facebook Mark Zuckerberg, lo que demuestra el potencial de los deepfakes para propagar desinformación y socavar la confianza en figuras públicas e instituciones.

El riesgo de mal uso de la IA, en particular en la creación de réplicas digitales no autorizadas, fue uno de los principales motivos de la reciente huelga de actores de 100 días en Hollywood. El sindicato SAG-AFTRA (Screen Actors Guild-American Federation of Television and Radio Artists) exigió protecciones para evitar que los estudios crearan réplicas digitales o versiones generadas por IA de los actores sin su consentimiento explícito y una compensación adicional. Los actores temían que los estudios pudieran utilizar la IA para generar interpretaciones sintéticas o manipular digitalmente sus imágenes y voces, lo que podría reemplazarlos en proyectos futuros sin su participación.

En la era digital actual, es crucial comprender los deepfakes y sus dilemas éticos. A continuación, se presentan algunas aplicaciones prácticas y estrategias para enseñar a los estudiantes sobre los deepfakes y sus problemas éticos, según GPT-4o-128K:

1. Talleres y seminarios interactivos

-   Actividad: Organizar talleres donde los estudiantes aprendan cómo se crean los deepfakes y cómo pueden detectarse.
-   Objetivo: Proporcionar experiencia práctica con herramientas de IA para crear deepfakes simples, seguidas de sesiones sobre cómo identificarlos y desmentirlos.
-   Debate: Guiar debates sobre las repercusiones éticas del uso de esta tecnología, centrándose en la privacidad, el consentimiento y la desinformación.

2. Análisis de estudios de caso

-   Actividad: Analizar casos famosos de deepfakes, como los videos de Obama y Zuckerberg, y la huelga de actores relacionada con el uso de la IA en la industria del entretenimiento.
-   Objetivo: Fomentar el pensamiento crítico sobre el impacto de los deepfakes en la confianza pública, la privacidad personal y las normas sociales.
-   Debate: Explorar los dilemas éticos que enfrentan quienes crean, distribuyen o son víctimas de los deepfakes.

3. Debate y juegos de roles

- Actividad: Organizar debates en los que los estudiantes asuman el papel de diferentes partes interesadas, como desarrolladores de IA, reguladores gubernamentales y personas afectadas por deepfakes.
- Objetivo: Desarrollar empatía y comprensión de múltiples perspectivas sobre el uso ético de la tecnología de IA.
- Debate: Debatir sobre el equilibrio entre la innovación y la regulación, así como las responsabilidades de los creadores y usuarios de la IA.

4. Integración en el currículo de alfabetización digital

- Actividad: Incluir lecciones sobre alfabetización digital que aborden el reconocimiento y la comprensión de los deepfakes.
- Objetivo: Dotar a los estudiantes de habilidades para evaluar críticamente el contenido digital y reconocer los medios manipulados.
- Debate: Enseñar a los estudiantes sobre las implicaciones más amplias de los deepfakes en la sociedad, la política y las relaciones personales.

5. Proyectos sobre ética en la tecnología

- Actividad: Asignar proyectos en los que los estudiantes investiguen y presenten sobre el uso ético de la IA y los deepfakes en diversos campos como el periodismo, el entretenimiento y el derecho.
- Objetivo: Fomentar habilidades de investigación profunda y razonamiento ético mediante el examen de aplicaciones y consecuencias del mundo real.
- Debate: Alentar a los estudiantes a proponer directrices o políticas para el uso ético de la IA en la creación de contenido digital.

6. Conferencias con expertos y paneles de debate

- Actividad: Invitar a expertos en IA, ciberseguridad y ética digital para hablar con los estudiantes o participar en paneles de debate.
- Objetivo: Proporcionar a los estudiantes perspectivas profesionales sobre los desafíos y consideraciones éticas de los deepfakes.
- Debate: Pedir que los estudiantes hagan preguntas y se involucren con los profesionales, profundizando su comprensión del tema.

7. Simulación de escenarios del mundo real

- Actividad: Crear simulaciones donde los estudiantes deben manejar una crisis causada por un deepfake, como un caso de noticia falsa o una imagen comprometida de una celebridad.
- Objetivo: Desarrollar habilidades de resolución de problemas y gestión de crisis en un entorno educativo controlado.

> - Debate: Reflexionar sobre los pasos tomados durante la simulación, las decisiones éticas tomadas y los resultados alcanzados.
>
> 8. Creación de campañas de concienciación
>
> - Actividad: Pedir a los estudiantes que diseñen campañas de concienciación para educar al público sobre los deepfakes y sus implicaciones éticas.
> - Objetivo: Promover el compromiso cívico y el uso responsable de la tecnología.
> - Debate: Evaluar la efectividad de diferentes estrategias de campaña y la importancia de la concienciación pública para combatir la desinformación.

Al implementar estas aplicaciones prácticas, los educadores pueden ayudar a los estudiantes a comprender la complejidad y los dilemas éticos de los deepfakes, preparándolos para navegar y moldear el mundo digital de manera responsable.

Comprender el sesgo en las herramientas de IA

Muchos docentes con los que trabajo se sorprenden al descubrir que los sistemas de IA pueden perpetuar e incluso amplificar los sesgos presentes en sus datos de entrenamiento. Este sesgo inherente, a menudo no evidente a simple vista, resalta la necesidad crítica de realizar un examen minucioso y aplicar estrategias de mitigación al implementar la IA en entornos educativos.

> *El sesgo cultural en la IA es el mismo que en las personas. La información que recibimos da forma a nuestro sesgo. Somos la suma de nuestras experiencias, lo que hemos leído y lo que nos han enseñado. Nuestro sesgo es un reflejo de esa información. Lo mismo ocurre con la IA, especialmente con los modelos de lenguaje a gran escala (LLMs).*
>
> **Chris Binge**
> **Educador Internacional**

Reconocer y contrarrestar el sesgo

Los sistemas de IA pueden perpetuar sesgos de manera no intencionada porque aprenden patrones y toman decisiones basadas en la información con la que fueron entrenados. Esta información puede reflejar prejuicios sociales existentes o desigualdades históricas, lo que puede derivar en resultados injustos o sesgados.

A continuación, se presentan algunos tipos de sesgos que las herramientas de IA pueden perpetuar:

1. **Sesgo Algorítmico:** Se produce cuando los algoritmos y técnicas de aprendizaje automático favorecen ciertos resultados sobre otros. E.g. Un sistema de puntuación crediticia basado en IA que asigna de manera

desproporcionada calificaciones crediticias más bajas a las mujeres porque sobrevalora ciertos comportamientos financieros más comunes entre los hombres, lo que genera discrepancias de género en las evaluaciones de solvencia.

2. **Sesgo de Confirmación:** Se da cuando los individuos favorecen información que refuerza sus creencias previas. E.g. Un algoritmo de recomendación en redes sociales que sugiere contenido similar a lo que un usuario ya ha consumido, creando cámaras de eco donde las personas sólo están expuestas a puntos de vista que confirman sus creencias preexistentes, reforzándolas con el tiempo.

3. **Sesgo en los Datos de Entrenamiento:** Dado que los sistemas de IA aprenden a partir de grandes volúmenes de datos, es crucial garantizar que estos estén libres de sesgos. Por ejemplo: Un sistema de reconocimiento facial entrenado principalmente con imágenes de personas blancas puede tener dificultades para identificar con precisión a personas de otros grupos étnicos. Otro caso: Un sistema de contratación basado en IA que utiliza datos de entrenamiento con etiquetado sesgado podría excluir injustamente a candidatos calificados.

4. **Sesgo de Medición:** Ocurre cuando los datos recopilados para entrenar un sistema de IA están sistemáticamente distorsionados o son inexactos. Ejemplo: Un sistema de monitoreo de salud basado en IA que usa un dispositivo portátil para recopilar datos. Si el dispositivo subestima de manera constante la frecuencia cardíaca durante la actividad física debido a errores en los sensores, las predicciones de la IA sobre el estado físico de los usuarios serán incorrectas.

5. **Sesgo de Agregación:** Se produce cuando los datos de diferentes fuentes o grupos se combinan de una manera que oculta diferencias clave, lo que lleva a conclusiones sesgadas. Ejemplo: Un sistema de IA en el ámbito de la salud que combina datos de pacientes de varios países sin ajustar factores regionales, como hábitos dietéticos o condiciones ambientales, podría generar predicciones inexactas en los diagnósticos médicos.

6. **Sesgo Histórico:** Ocurre cuando los datos reflejan desigualdades históricas o prejuicios sociales, perpetuando y reforzando estos sesgos en los resultados de la IA. Ejemplo: Un sistema de aprobación de préstamos basado en IA entrenado con datos históricos que incluyen prácticas discriminatorias contra minorías. La IA podría continuar negando préstamos a estos grupos a tasas más altas, replicando las desigualdades del pasado.

Estrategias para mitigar el sesgo en las herramientas de IA

La Figura 8.1 a continuación destaca estrategias esenciales para garantizar la equidad en el uso de herramientas de IA. Hace énfasis en la importancia de diversificar los conjuntos de datos para crear una IA más representativa, mantener la supervisión humana para detectar y abordar sesgos, alentar a los estudiantes a pensar críticamente sobre la IA y sus limitaciones, ofrecer opciones alternativas para los estudiantes que consideren que una herramienta de IA es sesgada y reportar casos de sesgo a los desarrolladores para mejorar la equidad de la herramienta.

Figura 8.1:

Cómo mitigar el sesgo

Facilitar conversaciones en el aula sobre los sesgos en la IA ayuda a los estudiantes a comprometerse de manera crítica con estos temas. Además, analizar escenarios del mundo real en los que se cuestionan los sesgos en la IA alienta a los estudiantes a proponer y debatir soluciones, fomentando una comprensión más profunda de las implicaciones éticas y las responsabilidades asociadas con la tecnología de IA.

Otro enfoque eficaz es realizar ejercicios de detección de sesgos en los que los estudiantes examinen activamente los resultados de la IA utilizando herramientas o conjuntos de datos cuidadosamente seleccionados que demuestren cómo las entradas sesgadas pueden conducir a interpretaciones sesgadas por parte del sistema de IA. A través de estas actividades prácticas, los estudiantes obtienen una comprensión más profunda de las posibles trampas y aprenden estrategias para mitigar los sesgos en las aplicaciones de IA.

Enseñar al alumnado sobre la ética y los sesgos en el mundo de la IA

Desarrollar la capacidad de los estudiantes para tomar decisiones éticas en el uso de la IA es crucial. Esto implica comprender las implicaciones de sus elecciones al interactuar con o implementar tecnologías de IA:

- **Marcos éticos:** Introducir a los estudiantes en los marcos éticos y principios que guían la toma de decisiones en la IA, como los Principios de Asilomar sobre la IA.
- **Aprendizaje basado en simulaciones:** Utilizar simulaciones para permitir que los estudiantes experimenten las consecuencias del uso ético y no ético de la IA en entornos de aprendizaje controlados y reflexivos.

El objetivo de esta sección es proporcionar a los alumnos el conocimiento y las habilidades de pensamiento crítico necesarias para navegar e influir en el cambiante panorama de la IA de manera responsable.

Ejemplos de lecciones sobre ética en IA de GPT-4-128K

Ejemplos de marcos éticos

Ejemplo 1: Introducción a los Principios de Asilomar sobre la IA

Familiarizar a los estudiantes con las directrices éticas para el desarrollo y uso de la IA.

Actividad:

1. Introducción a los principios: Explicar los Principios de Asilomar sobre la IA, que incluyen directrices sobre transparencia, seguridad y equidad en la IA.
2. Análisis de estudios de caso: Presentar a los estudiantes estudios de caso del mundo real donde la ética de la IA estuviera en cuestión (por ejemplo, sesgo en el software de reconocimiento facial).
3. Debate: Los estudiantes debaten cómo podrían aplicarse los Principios de Asilomar en cada estudio de caso.

Preguntas de debate:

- ¿Cómo ayudan los Principios de Asilomar a abordar los problemas éticos en los estudios de caso?
- ¿Puedes pensar en principios adicionales que deberían incluirse para abordar preocupaciones éticas emergentes?

Ejemplo 2: Ética en el desarrollo de IA

Ayudar a los estudiantes a desarrollar sus propias directrices éticas para proyectos de IA.

Actividad:

1. Trabajo en grupo: Dividir a los estudiantes en pequeños grupos y pedirles que desarrollen un conjunto de directrices éticas para un proyecto hipotético de IA (por ejemplo, una IA para la contratación de empleados).
2. Presentación: Cada grupo presenta sus directrices y explica el razonamiento detrás de ellas.
3. Revisión entre iguales: Los grupos critican las directrices de los demás, proporcionando comentarios constructivos basados en marcos éticos establecidos.

Preguntas de debate:

- ¿Qué desafíos enfrentaste al desarrollar las directrices éticas?
- ¿Cómo influyeron los marcos éticos existentes en tus decisiones?

Aprendizaje basado en simulaciones

Ejemplo 1: Simulación de IA en el sector sanitario

Simular la toma de decisiones éticas en la implementación de la IA en un entorno de atención médica.

Simulación:

1. Configuración del escenario: Crear un escenario en el que un sistema de IA se utiliza para priorizar pacientes para cirugía en función de varios factores (por ejemplo, edad, historial médico, urgencia).
2. Roles: Asignar a los estudiantes roles como médicos, pacientes, desarrolladores de IA y miembros de un comité de ética.
3. Toma de decisiones: Los estudiantes deben decidir cómo utilizar el sistema de IA de manera ética. Deben considerar las implicaciones de sus elecciones sobre los resultados de los pacientes y la equidad.

Preguntas de evaluación:

- ¿Qué dilemas éticos encontraste durante la simulación?
- ¿Cómo se alinearon tus decisiones con principios éticos como la equidad y la transparencia?

Ejemplo 2: Simulación de IA en la contratación de personal

Comprender las implicaciones éticas del uso de la IA en los procesos de contratación.

Simulación:

1. Configuración del escenario: Crear un escenario en el que un sistema de IA se utiliza para evaluar candidatos a un puesto de trabajo. Se descubre que la IA tiene sesgos contra ciertos grupos demográficos.
2. Roles: Asignar a los estudiantes roles como gerentes de contratación, solicitantes de empleo, desarrolladores de IA y oficiales de diversidad.
3. Toma de decisiones: Los estudiantes deben decidir cómo abordar los sesgos en el sistema de IA y garantizar un proceso de contratación justo.

Preguntas de evaluación:

- ¿Qué pasos tomaste para identificar y mitigar los sesgos en el sistema de IA?
- ¿Cómo impactaron tus decisiones en la equidad e inclusión del proceso de contratación?

Estos ejemplos proporcionan formas prácticas de enseñar la toma de decisiones éticas en el uso de la IA. Al introducir a los estudiantes en marcos éticos e involucrarlos en el aprendizaje basado en simulaciones, los educadores pueden ayudar a los estudiantes a comprender las implicaciones de sus elecciones y desarrollar las habilidades necesarias para navegar en el complejo panorama ético de la tecnología de IA.

Proyecto Culminante: Desafío de Diseño de IA Ética

Como una aplicación práctica de los conceptos abordados, los estudiantes participarán en un "Desafío de Diseño de IA Ética". Ellos:

- **Diseñarán una Solución de IA:** Trabajarán en grupos para diseñar una solución de IA para un problema dado, asegurando que su enfoque se adhiera a los estándares éticos discutidos en la clase.
- **Presentarán y Harán Crítica:** Presentarán sus diseños de IA a compañeros, quienes criticarán basados en consideraciones éticas, fomentando un entendimiento más profundo y aplicación del uso ético de la IA.

Ejemplo 1: Privacidad y Recolección de Datos

Escenario: Discutir con los estudiantes cómo un asistente inteligente (como Siri o Alexa) recolecta datos para ayudar a responder preguntas o reproducir música.

Preguntas de Debate:

- ¿Cómo sabe el asistente inteligente qué música te gusta?
- ¿Qué tipo de información crees que recolecta para responder tus preguntas?
- ¿Por qué es importante mantener alguna de esa información privada?

Ejemplo 2: Vehículos Autónomos

Escenario: Tener una conversación sobre el concepto de coches que se conducen solos y cómo toman decisiones en la carretera.

Imagen generada por DALL·E 3, 2024

Preguntas de Debate:

- ¿Qué debería hacer un coche que se conduce solo si tiene que elegir entre chocar con un árbol u otro coche?
- ¿Cómo podemos enseñarle al coche a tomar decisiones seguras?
- ¿Por qué es importante que el coche siga las reglas de tráfico?

Reconociendo y contrarrestando el sesgo

Ejercicios de detección de sesgo

Ejercicio 1: Sesgo en la clasificación de imágenes

Objetivo: Identificar sesgos en un sistema de IA entrenado para clasificar imágenes.

Materiales necesarios: Un conjunto de datos con imágenes diversas, un clasificador de imágenes de IA y una pizarra.

Pasos:

Imagen creada por StableDiffusionXL 2024

1. Mostrar a los estudiantes cómo la IA clasifica diferentes imágenes.
2. Pedir a los estudiantes que noten cualquier patrón o sesgo (por ejemplo, clasificaciones erróneas de personas con tonos de piel más oscuros).
3. Debatir por qué podrían existir estos sesgos y cómo podrían afectar las aplicaciones del mundo real.

Preguntas de debate:

- ¿Por qué crees que la IA clasificó erróneamente ciertas imágenes?
- ¿Cómo podemos mejorar los datos de entrenamiento para reducir estos sesgos?

Ejercicio 2: Sesgo de género en las descripciones de empleo

Detectar sesgo de género en descripciones de empleo generadas por IA.

Materiales necesarios: Varias descripciones de empleo generadas por IA y marcadores.

Pasos:

DALL·E 3, 2024

1. Proporcionar a los estudiantes varias descripciones de empleo.
2. Pedirles que resalten palabras o frases que podrían estar sesgadas hacia un género en particular.
3. Hablar de cómo estos sesgos podrían afectar a los solicitantes de empleo.

Preguntas de debate:

- ¿Cómo podría el lenguaje sesgado en las descripciones de empleo desalentar a ciertos solicitantes?
- ¿Qué cambios podemos hacer para asegurarnos de que las descripciones de empleo sean más inclusivas?

¿Puedes dibujar un boceto en blanco y negro de una persona china?

¿Puedes dibujar un boceto en blanco y negro de un profesor de matemáticas?

Escenarios de juego de roles

Escenario 1: Doctor y sistema de diagnóstico por IA

Comprender las implicaciones del sesgo en la IA en el ámbito de la salud.

Roles: Doctor, Paciente, Sistema de IA.

Escenario: El sistema de IA sugiere un diagnóstico basado en datos de entrenamiento sesgados.

Pasos:

1. El "Paciente" describe sus síntomas al "Doctor".
2. El "Doctor" recibe una sugerencia de diagnóstico del "Sistema de IA".
3. El "Doctor" debe decidir si sigue la sugerencia de la IA o usa su propio juicio.

Preguntas de debate:

- ¿Cómo debería el doctor abordar la sugerencia de la IA si sospecha que está sesgada?
- ¿Cuáles son las posibles consecuencias de depender exclusivamente del diagnóstico de la IA?

Escenario 2: Gerente de contratación y herramienta de reclutamiento por IA

Explorar los sesgos en los procesos de contratación asistidos por IA.

Roles: Gerente de contratación, Solicitante de empleo, Herramienta de reclutamiento por IA.

Escenario: La herramienta de IA prioriza a los candidatos en función de criterios sesgados.

Pasos:

1. El "Solicitante de empleo" envía su currículum.
2. La "Herramienta de reclutamiento por IA" califica al solicitante en base a criterios sesgados (por ejemplo, favoreciendo ciertas universidades).
3. El "Gerente de contratación" revisa la recomendación de la IA y decide si entrevista al solicitante.

Preguntas de debate:

- ¿Cómo puede el gerente de contratación identificar posibles sesgos en las recomendaciones de la IA?
- ¿Qué pasos pueden tomarse para garantizar un proceso de contratación justo?

Escenario 3: Juez y asesor legal por IA

Comprender el impacto del sesgo en la IA dentro del sistema judicial.

Roles: Juez, Acusado, Asesor legal por IA.

Escenario: El asesor legal por IA sugiere una sentencia basada en datos sesgados.

Pasos:

1. El "Acusado" presenta su caso.
2. El "Asesor legal por IA" ofrece una recomendación de sentencia.
3. El "Juez" debe decidir si sigue la sugerencia de la IA o considera otros factores.

Preguntas de debate:

- ¿Cómo puede el juez asegurarse de que la recomendación de la IA sea justa y libre de sesgos?
- ¿Cuáles son los riesgos de depender demasiado de la IA en el sistema judicial?

Estas experiencias de aprendizaje y escenarios de juego de roles ayudan a los estudiantes a reconocer y contrarrestar diferentes tipos de sesgos en los sistemas de IA. Al participar en estas actividades, los estudiantes pueden desarrollar una comprensión más profunda de los desafíos éticos asociados con la IA y aprender estrategias para promover la equidad y la inclusión.

Usar la IA para desafiar los estereotipos

Si bien la IA puede perpetuar inadvertidamente los estereotipos existentes en la sociedad, también presenta una oportunidad para desafiarlos y ampliar las perspectivas de los estudiantes. Los educadores pueden aprovechar la creación de contenido asistida por IA para alentar a los estudiantes a desarrollar proyectos que reflejen diversas culturas y puntos de vista, enfrentándose directamente a los estereotipos predominantes.

Además, incorporar la alfabetización crítica en medios dentro del plan de estudios permite a los estudiantes evaluar críticamente los medios generados por IA, ayudándolos a identificar y cuestionar representaciones estereotipadas. A través de estos métodos, la IA puede convertirse en una potente herramienta para promover la inclusión y desafiar estereotipos dañinos.

A continuación, se presentan algunos ejemplos de lecciones que incorporan la creación de contenido asistida por IA de GPT-4-128K:

Ejemplo 1: Narración diversa (Grados Pre-K–12)

Usar la IA para ayudar a los estudiantes a crear historias que reflejen diversas culturas y puntos de vista.

Actividad:

1. Herramienta de IA: Utilizar un generador de historias con IA basado en cualquier modelo de lenguaje.
2. Instrucciones: Pedir a los estudiantes que ingresen indicaciones que incluyan personajes de diferentes orígenes culturales, géneros y habilidades.
3. Resultado: La IA genera una historia basada en estas indicaciones diversas.

Preguntas de debate:

- ¿Cómo cambia la historia con la inclusión de personajes diversos?
- ¿Qué nuevas perspectivas aprendiste a través de la historia generada por IA?

Ejemplo 2: Arte y diseño inclusivos (Grados Pre-K–12)

Usar la IA para crear obras de arte o proyectos de diseño inclusivos.

Actividad:

1. Herramienta de IA: Usar generadores de arte con IA como DALL·E o Stable Diffusion XL.
2. Instrucciones: Los estudiantes ingresan indicaciones que describen una variedad de escenas culturales, vestimenta tradicional y grupos diversos de personas.
3. Resultado: La IA genera ilustraciones basadas en estas indicaciones inclusivas.

Preguntas de debate:

- ¿Cómo representa la obra de arte generada por IA diferentes culturas?
- ¿Qué elementos de la obra desafían los estereotipos comunes?

Ejemplo 3: Análisis de noticias generadas por IA (Grados 3–12)

Enseñar a los estudiantes a evaluar críticamente las noticias generadas por IA en busca de representaciones estereotipadas.

Actividad:

1. Herramienta de IA: Usar generadores de noticias con IA como NewsGPT o AIWriter.
2. Instrucciones: Proporcionar a los estudiantes artículos de noticias generados por IA.
3. Tarea: Pedir a los estudiantes que identifiquen cualquier lenguaje o representación estereotipada en los artículos.

Preguntas de debate:

- ¿Qué estereotipos encontraste en los artículos generados por IA?
- ¿Cómo podemos asegurarnos de que los artículos de noticias no refuercen estereotipos?

Ejemplo 4: Evaluación de anuncios generados por IA

Evaluar los anuncios generados por IA en busca de representaciones estereotipadas.

Actividad:

1. Herramienta de IA: Usar una herramienta de IA como AdCreative.ai para generar anuncios.
2. Instrucciones: Los estudiantes ingresan indicaciones para crear anuncios de productos.
3. Tarea: Evaluar los anuncios en busca de representaciones estereotipadas de género, raza o edad.

Preguntas de debate:

- ¿Qué estereotipos fueron más comunes en los anuncios generados por IA?
- ¿Cómo modificarías los anuncios para evitar estos estereotipos?

Ejemplo 5: Juegos de roles con chatbots de IA (Grados 2–12)

Usar chatbots de IA para representar escenarios que desafíen los estereotipos.

Actividad:

1. Herramienta de IA: Usar chatbots de IA en cualquier modelo de lenguaje.
2. Instrucciones: Los estudiantes interactúan con el chatbot, creando escenarios que aborden y desafíen estereotipos (por ejemplo, un personaje del chatbot que desafía los roles de género tradicionales).

Preguntas de debate:

-   ¿Cómo respondió el chatbot a los escenarios que desafiaban estereotipos?
-   ¿Qué aprendiste sobre los estereotipos a través de esta interacción?

Ejemplo 6: Creación de Anuncios de Servicio Público (ASPs) (Grados 2–12)

Usar la IA para crear anuncios de servicio público (ASPs) que promuevan la diversidad y la inclusión.

Actividad:

1. Herramienta de IA: Usar generadores de video con IA como HeyGen o Lumen5.
2. Instrucciones: Los estudiantes crean guiones para ASPs que resalten la importancia de la diversidad y la inclusión.
3. Resultado: La IA ayuda a generar videos basados en estos guiones.

Preguntas de debate:

-   ¿Qué tan efectivos fueron los ASPs generados por IA para desafiar estereotipos?
-   ¿Qué mensaje sobre diversidad e inclusión transmitió tu ASP?

Los alumnos más jóvenes y la IA

Enseñar al alumnado más joven acerca de la ética y el reconocimiento de sesgos puede ser tanto educativo como atractivo. Aquí tenemos algunas ideas adaptadas para estudiantes de primaria de GPT-4-128K:

Ejemplo 1: Historias éticas (Grados K–2, Edades 5–7)

Usar historias para ilustrar dilemas éticos y la toma de decisiones.

Actividad:

1. Lectura en voz alta: Elegir libros apropiados para la edad que incluyan dilemas éticos. Ejemplos incluyen The Berenstain Bears and the Truth de Stan y Jan Berenstain o What If Everybody Did That? de Ellen Javernick.
2. Debate: Después de la lectura, discutir la historia con los estudiantes. Preguntar:
- ¿Cuál era el problema en la historia?
- ¿Qué opciones tenían los personajes?
- ¿Cuál fue la mejor elección y por qué?

Seguimiento: Pedir a los estudiantes que dibujen o escriban sobre una vez que tomaron una decisión ética.

Ejemplo 2: Cuentos de hadas con un giro (Grados 3–5, Edades 8–10)

Objetivo: Ayudar a los estudiantes a reconocer sesgos a través de historias familiares.

Actividad:

1. Cuentos clásicos: Leer un cuento de hadas clásico (por ejemplo, "Cenicienta").
2. Debate: Hablar sobre los personajes y sus roles. Preguntar:
- ¿Quiénes son los personajes buenos y malos?
- ¿Por qué pensamos que son buenos o malos?
3. Giro inesperado: Presenta una versión de la historia desde una perspectiva diferente (por ejemplo, La Verdadera Historia de Los Tres Cerditos, de Jon Scieszka).

Seguimiento: Pedir que los estudiantes creen su propia versión de un cuento de hadas desde la perspectiva de otro personaje.

Ejemplo 3: Juego de roles (Grados 1–3, Edades 6–8)

Objetivo: Usar juegos de roles para ayudar a los estudiantes a comprender elecciones éticas y sesgos.

Actividad:

1. Preparación del escenario: Crear escenarios simples donde los estudiantes necesiten tomar decisiones éticas (por ejemplo, encontrar un juguete perdido, compartir recursos).
2. Roles: Asignar roles a los estudiantes y pedirles representar los escenarios.

3. Debate: Después de cada juego de roles, hablar de las decisiones tomadas y sus consecuencias.

Seguimiento: Pedir a los estudiantes que escriban sobre lo que aprendieron del juego de roles.

Ejemplo 4: Juego de detección de sesgos (Grados 4–6, Edades 9–11)

Objetivo: Enseñar a los estudiantes a reconocer y cuestionar sesgos.

Actividad:

1. Imágenes e historias: Mostrar a los estudiantes imágenes o leer historias cortas que contengan sesgos sutiles (por ejemplo, todas las imágenes de médicos son hombres, todas las enfermeras son mujeres).
2. Debate: Pedir a los estudiantes que identifiquen cualquier patrón o sesgo que noten.
3. Corrección: Hablar de cómo estos sesgos pueden corregirse (por ejemplo, mostrando representaciones diversas).

Seguimiento: Pedir a los estudiantes que dibujen o escriban sus propias historias o imágenes sin sesgos.

Ejemplo 5: IA ética en términos simples (Grados 5–7, Edades 10–12)

Objetivo: Introducir el concepto de IA ética de una manera accesible.

Actividad:

1. Explicación sencilla: Explicar que la IA ayuda a las computadoras a tomar decisiones, pero debemos asegurarnos de que estas decisiones sean justas y amables.
2. Herramientas interactivas: Usar herramientas o aplicaciones de IA adecuadas para niños que demuestren la toma de decisiones (por ejemplo, un chatbot simple que haga elecciones éticas).

Seguimiento: Pedir que los estudiantes interactúen con la herramienta y hablen de sus experiencias.

Proyectos creativos

Ejemplo 6: Collage sobre ética (Grados 2–4, Edades 7–9)

Objetivo: Ayudar a los estudiantes a explorar visualmente conceptos éticos.

Actividad:

1. Materiales: Proporcionar revistas, tijeras, pegamento y cartulina.
2. Tarea: Pedir a los estudiantes que creen un collage que represente el comportamiento ético (por ejemplo, compartir, honestidad).

Presentación: Cada estudiante presenta su collage y explica sus elecciones.

Ejemplo 7: Libros de cuentos sin sesgos (Grados 3–5, Edades 8–10)

Objetivo: Animar a los estudiantes a crear historias inclusivas y sin sesgos.

Actividad:

1. Creación de historias: Proporcionar plantillas para que los estudiantes escriban e ilustren sus propios libros de cuentos.
2. Directrices: Animarlos a incluir personajes diversos y evitar estereotipos.

Compartir: Pedir que los estudiantes compartan sus libros con la clase o los exhiban en la biblioteca escolar.

Al utilizar estas actividades atractivas y apropiadas para su edad, podemos ayudar a los alumnos más jóvenes a aprender sobre ética y reconocer sesgos de una manera divertida y educativa. Estas lecciones fundamentales los prepararán para la toma de decisiones éticas más complejas y el pensamiento crítico a medida que crezcan.

Resumen del Capítulo

Este capítulo destacó la importancia de desarrollar un alumnado ético en el contexto de la IA. A medida que la IA se integra cada vez más en nuestras vidas, es crucial enseñar a los estudiantes a utilizarla de manera responsable. El enfoque se centra en reconocer sesgos, comprender marcos éticos y desafiar estereotipos en las aplicaciones de IA para formar ciudadanos digitalmente conscientes que garanticen que la tecnología sirva a la humanidad.

También se destacan componentes clave de la ética en la IA, como la responsabilidad moral, la transparencia, la rendición de cuentas, la privacidad y la seguridad. El capítulo proporcionó ejemplos prácticos para que los educadores inculquen estos valores mediante experiencias de aprendizaje significativas, estudios de caso y planes de lecciones generados por IA. También abordó los desafíos éticos planteados por los deepfakes y la importancia de comprender y mitigar los sesgos en los sistemas de IA mediante actividades como ejercicios de detección de sesgos y escenarios de juego de roles.

Además, el capítulo ofreció estrategias para enseñar a los alumnos más jóvenes sobre ética y sesgos mediante actividades apropiadas para su edad y proyectos creativos. Al incorporar estas clases en el currículo, los educadores pueden ayudar a los estudiantes a navegar por las complejidades de la IA y fomentar un mundo digital más ético e inclusivo. Este capítulo concluyó con una llamada a la acción para que los educadores guíen el desarrollo de la IA de maneras que mejoren los resultados educativos y se alineen con los valores fundamentales de la educación.

Preguntas de Diálogo

1. ¿Qué estrategias pueden usar los educadores para enseñar a los estudiantes a reconocer y mitigar los sesgos en la IA? ¿Puedes compartir ejemplos de actividades o ejercicios que hayan sido efectivos en tu clase?

2. ¿Cómo podemos incorporar de manera efectiva los marcos éticos en la educación sobre IA para los estudiantes? ¿Qué principios éticos crees que son los más importantes para que los alumnos comprendan cuando trabajan con IA?

3. ¿Cuáles son los posibles impactos de los deepfakes en la educación y cómo podemos preparar a los estudiantes para manejarlos de manera responsable? ¿Cómo podemos crear clases que ayuden a los alumnos a ser conscientes de los peligros de los deepfakes y la importancia de verificar la información?

4. ¿De qué manera podemos involucrar a los alumnos más jóvenes en conversaciones sobre ética y sesgos en la IA? ¿Qué actividades o cuentos apropiados para su edad crees que son útiles para presentar estos temas complejos a estudiantes más pequeños?

5. ¿Cómo pueden los educadores asegurarse de que las herramientas de IA se utilicen para mejorar la inclusión y desafiar estereotipos en el aula? ¿Puedes dar algún ejemplo de herramientas de IA o proyectos que hayan promovido con éxito la diversidad y la inclusión en tu experiencia docente?

Oportunidad de Artefacto

Actividad de detección de sesgos:

Usa una herramienta de IA para generar contenido relevante para tu área de enseñanza/grupo de edad (por ejemplo, una imagen de un cuento de hadas o de un político). Analiza la imagen en busca de posibles sesgos y habla de cómo estos sesgos podrían afectar a diferentes grupos dentro de tu contexto. Propón formas de mitigar estos sesgos.

CAPÍTULO 9

PROYECTOS ESTUDIANTILES IMPULSADOS POR IA

Los sistemas escolares deberían basar su currículo no en la idea de materias separadas, sino en la idea mucho más fértil de disciplinas... lo que hace posible un currículo fluido y dinámico que sea interdisciplinario.
—Sir Ken Robinson, autor británico, ponente y asesor internacional en educación

¿Cómo pueden los proyectos impulsados por IA mejorar el aprendizaje?

Una de mis clases favoritas del año pasado fue una lección de pensamiento de diseño impulsada por inteligencia artificial que realicé con un grupo de estudiantes de tercer grado. Estos alumnos ya estaban inmersos en una fascinante unidad de indagación sobre los sistemas del cuerpo humano, explorando sus conexiones y cómo mantener su salud. Los docentes habían hecho un trabajo fenomenal incorporando experiencias prácticas de STEM, así que quería encontrar una manera de usar el pensamiento de diseño para potenciar aún más la autonomía del estudiante y ayudarles a aplicar sus conocimientos de manera significativa.

Comenzamos con los principios fundamentales del pensamiento de diseño, centrándonos en el problema y en el usuario. Dadas las limitaciones de tiempo y los problemas de protección y privacidad en torno a hablar de condiciones de salud reales, recurrimos a la inteligencia artificial. Utilizando IA, generamos un personaje ficticio llamado Michael, con un perfil detallado y posibles desafíos derivados de una condición de salud.

La IA nos dijo que Michael había sido sometido a una cirugía de corazón cuando era bebé y que, aunque estaba sano, necesitaba tener cuidado en la escuela para mantener su bienestar. Los estudiantes se identificaron profundamente con Michael, y la IA nos permitió "hablar" con él, haciéndole preguntas sobre su vida diaria y sus dificultades. Esto llevó a una lluvia de ideas y a iteraciones en la búsqueda de soluciones, con la IA proporcionando comentarios que retaron a los estudiantes a pensar de manera crítica y perfeccionar sus ideas.

Toda la experiencia fue dinámica y centrada en el estudiante, destacando la interconexión de los sistemas del cuerpo y la importancia de la empatía en la resolución de problemas. Fue una demostración poderosa de cómo la IA y el pensamiento de diseño pueden empoderar a los estudiantes para convertirse en solucionadores de problemas creativos y compasivos.

John Hendrickse, líder de Tecnología e Innovación (TI) en Educación Primaria
Victoria Shanghai Academy, Hong Kong

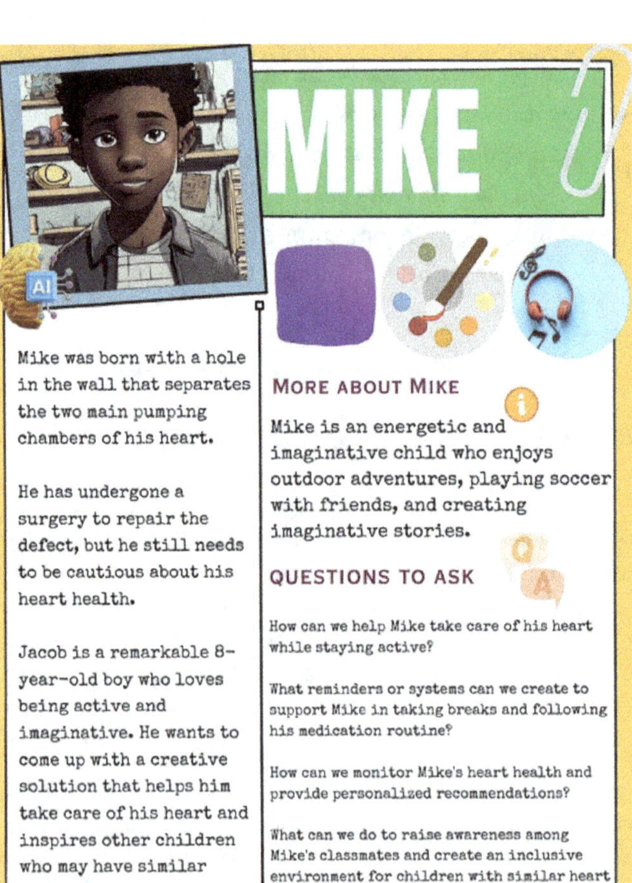

Aprendizaje basado en proyectos (ABP)

El *Buck Institute for Education* define el aprendizaje basado en proyectos (ABP) como "un método de enseñanza en el que los estudiantes aprenden al participar activamente en proyectos del mundo real y personalmente significativos". El ABP sumerge a los estudiantes en problemas y desafíos auténticos, fomentando una conexión más profunda con el material y aumentando su motivación para aprender. A diferencia del aprendizaje memorístico tradicional, el ABP enfatiza experiencias activas y prácticas que requieren pensamiento crítico, colaboración y creatividad. Las investigaciones han demostrado que el ABP puede mejorar significativamente los resultados de los estudiantes, incluyendo mayores tasas de retención, mejores habilidades para resolver problemas y un aumento en la participación. Un estudio de Almulla (2020) encontró que el enfoque de aprendizaje basado en proyectos mejora significativamente la participación de los estudiantes al fomentar un aprendizaje colaborativo, disciplinario, iterativo y auténtico. Mediante el uso de cuestionarios y modelos de ecuaciones estructurales (SEM) para analizar datos de 124 docentes, los resultados demostraron que el ABP apoya de manera efectiva el intercambio de conocimientos y el diálogo colaborativo, lo que lo convierte en un método altamente recomendado para su uso educativo en universidades.

En este capítulo, exploramos una serie de proyectos innovadores que aprovechan el poder de la IA para aumentar el aprendizaje y la creatividad de los estudiantes en diversas áreas. Estas ideas de proyectos están diseñadas para inspirar a educadores y estudiantes, ofreciendo una plataforma de lanzamiento al mundo de la IA adaptada para los grados preescolar hasta el 12.

Al explorar estos proyectos, es importante señalar que no se proporcionan enlaces directos a herramientas digitales específicas de IA, ya que no respaldamos ninguna herramienta en particular. Los materiales y proyectos presentados aquí están diseñados para ser independientes de cualquier herramienta digital de IA específica, permitiendo que los educadores elijan los recursos que mejor se adapten a las necesidades de su aula. Animamos a los educadores a utilizar estos proyectos como una guía para explorar la amplia variedad de recursos de IA disponibles. Con una simple búsqueda, puedes encontrar numerosas herramientas de IA que se ajusten a las necesidades de tu aula y que cumplan con las políticas tecnológicas de tu escuela.

Desde el uso de la IA para componer piezas musicales únicas hasta la utilización de herramientas de IA para generar gráficos atractivos, estos proyectos están diseñados para sumergir a los estudiantes en los aspectos prácticos de la tecnología de IA. Al interactuar directamente con estas aplicaciones, los estudiantes no solo desarrollarán una comprensión fundamental de la IA, sino que también experimentarán de primera mano cómo puede aplicarse a tareas creativas del mundo real.

Cada proyecto está estructurado para ser tanto educativo como emocionante, proporcionando a los estudiantes un entorno de aprendizaje dinámico donde pueden experimentar con las capacidades de la IA. Este enfoque práctico tiene como objetivo despertar la curiosidad e inspirar un interés más profundo en los campos de la tecnología y la innovación, preparando a los estudiantes para un futuro en el que la IA jugará un papel central.

Recordatorio sobre la protección de datos

Antes de comenzar, es importante tener en cuenta la protección de datos, donde todos, desde los estudiantes hasta el personal docente, deben sentirse seguros de que su información personal está protegida y manejada con cuidado. Solo recopila y usa la cantidad mínima de datos de los estudiantes necesaria para que la herramienta de IA funcione de manera efectiva. Sé transparente con los estudiantes y padres sobre cómo se utiliza la IA en el aula y qué datos se recopilan. Obtén consentimiento informado cuando sea necesario.

Los educadores deben ser conscientes de que los niños menores de 13 años tienen derecho a medidas específicas de protección de datos, especialmente cuando utilizan herramientas de IA. Para garantizar el cumplimiento, se recomienda que los niños no estén obligados a ingresar ningún dato personal al usar dichas herramientas. El Reglamento General de Protección de Datos (GDPR)

Imagen generada por DALL·E 3, 2024

enfatiza la necesidad de utilizar un lenguaje claro y sencillo al comunicarse con los niños para garantizar su comprensión sobre cómo se utilizarán sus datos. Además, la Ley de Protección de Datos del Reino Unido de 2018 establece el límite de edad para el consentimiento de los niños en el procesamiento de datos en el contexto de los servicios en línea en 13 años.

Por lo tanto, los educadores deben tomar medidas para garantizar que las herramientas de IA utilizadas por niños menores de 13 años no recopilen sus datos personales, y si se requiere la entrada de datos, se debe obtener el consentimiento de los padres. También deben ser transparentes con los estudiantes y padres sobre cómo se usa la IA en el aula y qué datos se recopilan. Obtén consentimiento informado cuando sea necesario.

Para los niños menores de 13 años, los docentes pueden proteger la privacidad de los estudiantes utilizando cuentas escolares en dispositivos del aula para acceder a herramientas de IA. Esto evita la necesidad de que los estudiantes ingresen información personal y cumple con las restricciones de edad. Al centralizar el acceso a las herramientas de IA, los educadores mejoran la seguridad del aprendizaje digital.

Se recomienda que los educadores configuren estaciones de aprendizaje interactivas con dispositivos conectados a sus cuentas escolares, proporcionando una forma segura para que los estudiantes exploren la IA sin preocupaciones sobre sus datos personales. Este enfoque promueve un entorno de aprendizaje seguro y atractivo,

Imagen generada por DALL·E 3, 2024

alineado con los estándares de protección de datos.

Recuerda, el objetivo es cultivar en nuestros estudiantes un sentido de asombro y una comprensión fundamental del uso ético de la IA, equipándolos con las habilidades para navegar y dar forma al futuro dinámico en constante cambio. Nuestro objetivo es que los jóvenes alumnos no sólo sean consumidores de tecnología, sino también innovadores y pensadores críticos en un mundo impregnado de IA.

Aquí tenemos algunas ideas de proyectos que podemos desarrollar para integrar el uso de la IA con nuestros alumnos:

Proyectos de Música y Diseño de Sonido Asistidos por IA

La IA puede desempeñar un papel significativo en la educación musical y en proyectos de diseño de sonido, haciendo que estos campos sean más accesibles para los estudiantes y proporcionándoles herramientas para explorar y crear de nuevas maneras:

Herramientas de Composición Musical: Las herramientas impulsadas por IA pueden ayudar a los estudiantes a componer música sugiriendo progresiones de acordes, melodías y armonizaciones según el género o estado de ánimo que quieran explorar. Estas herramientas pueden servir como un colaborador virtual, ofreciendo ideas que los estudiantes pueden aceptar, modificar o rechazar.

Edición y Producción de Sonido: La IA puede simplificar el proceso de edición y producción de sonido, facilitando que los estudiantes experimenten con la creación de sus propios proyectos de audio. Por ejemplo, las herramientas de IA pueden ajustar automáticamente los niveles, mezclar pistas o incluso sugerir ajustes para mejorar la calidad del sonido de las grabaciones.

Exploración de la Historia y los Estilos Musicales: La IA puede generar ejemplos de música de diferentes períodos o culturas, ayudando a los estudiantes a explorar una amplia variedad de estilos musicales y contextos. Esto puede ser particularmente inspirador para los estudiantes, llevándolos a incorporar diversas influencias en sus propias creaciones.

Imagen generada por DALL·E 3, 2024

Estas herramientas mejoradas por IA no solo respaldan los aspectos técnicos de la música y el diseño de sonido, sino que también ayudan a estimular la creatividad, proporcionando a los estudiantes una amplia paleta de sonidos y estilos para inspirar sus propias expresiones artísticas. Este enfoque fomenta una comprensión más profunda y una mayor apreciación de la música y la ingeniería de sonido, al mismo tiempo que equipa a los estudiantes con habilidades prácticas en estos campos.

Exploración de Hábitos Saludables y Nutrición con IA

La IA puede ser un aliado poderoso en la enseñanza de hábitos saludables y nutrición a los estudiantes, haciendo que estos temas cruciales sean más atractivos y personalizados:

Exploración de la Ciencia de los Alimentos y la Digestión: La IA puede ayudar a los estudiantes a investigar más a fondo la ciencia detrás de los alimentos y la digestión. Las simulaciones interactivas pueden ilustrar cómo el cuerpo procesa diferentes nutrientes, el papel de la salud intestinal y el impacto de las elecciones alimentarias en el bienestar general.

Diarios Alimenticios Interactivos: La IA puede mejorar los diarios alimenticios tradicionales proporcionando retroalimentación en tiempo real y conocimientos sobre los patrones alimenticios. Los estudiantes pueden registrar su ingesta de alimentos, y los algoritmos de IA pueden analizar los datos para identificar áreas de mejora y sugerir alternativas más saludables.

Exploración de Cocinas Globales y Tradiciones Dietéticas: La IA puede presentar a los estudiantes una variedad de cocinas y tradiciones dietéticas de todo el mundo. Al analizar las prácticas alimenticias culturales, los estudiantes pueden obtener una comprensión más amplia de la nutrición y desarrollar una apreciación por los diferentes enfoques culinarios hacia una vida saludable.

Estas herramientas potenciadas por IA pueden empoderar a los estudiantes para que asuman el control de su salud y bienestar, haciendo que el aprendizaje sobre nutrición y hábitos saludables sea una experiencia más interactiva y personalizada.

Exploración de la Honestidad Académica y la Ética con IA

La IA puede integrarse en proyectos para involucrar a los estudiantes de secundaria en diálogo sobre la honestidad académica y la ética, haciendo que estos temas cruciales sean más relevantes y estimulantes:

Estudios de Caso Interactivos: La IA puede impulsar estudios de caso interactivos que presenten a los estudiantes escenarios realistas que involucren plagio, trampas y otros dilemas éticos. Los estudiantes pueden analizar estas situaciones, tomar decisiones y explorar las consecuencias de sus elecciones en un entorno seguro y atractivo.

Debates y Conversaciones Virtuales: La IA puede facilitar debates y conversaciones virtuales sobre cuestiones éticas relacionadas con la integridad académica. Los chatbots impulsados por IA pueden presentar diferentes perspectivas, desafiar las suposiciones de los estudiantes y fomentar el pensamiento crítico sobre las complejidades de la toma de decisiones éticas.

Exploración de la Historia y Filosofía de la Ética: La IA puede ayudar a los estudiantes a explorar la historia y la filosofía de la ética, proporcionando acceso a una gran cantidad de información y diversas perspectivas. Los estudiantes pueden investigar diferentes teorías éticas, analizar ejemplos reales de dilemas éticos y desarrollar sus propios marcos para la toma de decisiones éticas.

Análisis del Impacto de la Tecnología en la Integridad Académica: La IA puede utilizarse para analizar cómo la tecnología ha impactado la integridad académica, tanto positiva como negativamente. Los estudiantes pueden explorar el uso de software de detección de plagio, el auge de los sitios web de trampas académicas y las implicaciones éticas del uso de herramientas de IA para el trabajo académico.

Conexión de la Ética con las Carreras del Mundo Real y los Problemas Sociales: La IA puede facilitar conversaciones sobre cómo los principios éticos se aplican a las carreras del mundo real y a los problemas sociales. Los estudiantes pueden investigar códigos de ética en diversas profesiones, analizar dilemas éticos enfrentados por profesionales y explorar el papel de la ética en la resolución de desafíos sociales.

Estos proyectos potenciados por IA pueden empoderar a los estudiantes para desarrollar un fuerte sentido de responsabilidad ética, fomentando una comprensión más profunda de la honestidad académica y su importancia tanto en los contextos educativos como profesionales.

Para ayudarte a comenzar, usa el siguiente código QR para acceder a una colección de ejemplos de proyectos listos para usar que puedes imprimir fácilmente e implementar en tu aula.

Resumen del Capítulo

Este capítulo exploró la integración de la IA en el aprendizaje básado en proyectos (ABP) para crear experiencias educativas atractivas y significativas. El ABP, según lo define el Buck Institute for Education, implica que los estudiantes participen activamente en proyectos del mundo real que mejoran su pensamiento crítico, colaboración y creatividad. Investigaciones, como el estudio de Almulla en 2020, muestran que el ABP mejora significativamente la participación de los estudiantes y los resultados del aprendizaje.

El capítulo abordó una variedad de proyectos innovadores impulsados por IA para estudiantes desde preescolar hasta el grado 12, diseñados para inspirar y proporcionar habilidades prácticas. Estos proyectos alientan a los estudiantes a usar la IA para tareas como composición musical, edición de sonido y diseño gráfico, ayudándolos a comprender y aplicar la IA de maneras creativas. Los proyectos son independientes de herramientas específicas, lo que permite a los educadores flexibilidad en la elección de los recursos que mejor se adapten a las necesidades de su aula. Más proyectos integrados con IA se pueden encontrar en los apéndices.

Un enfoque clave es la protección de datos y el uso ético de la IA. Se recomienda a los educadores usar cuentas escolares para herramientas de IA, garantizando el cumplimiento con las regulaciones de privacidad de datos, especialmente para estudiantes menores de 13 años. El capítulo también subraya la importancia de enseñar a los estudiantes a verificar la información generada por la IA, fomentando el pensamiento crítico y el discernimiento. Se proporcionan pautas y recursos para la verificación de hechos, como FactCheck.org, Google Scholar y PolitiFact, para respaldar este esfuerzo. En última instancia, el capítulo tuvo como objetivo preparar a los estudiantes para ser pensadores responsables e innovadores en un mundo impulsado por la IA.

Preguntas de Diálogo

1. ¿Cómo se puede integrar eficazmente la IA en el aprendizaje basado en proyectos (ABP) para mejorar la participación y los resultados del aprendizaje de los estudiantes? ¿Puedes imaginar o compartir ejemplos específicos de proyectos exitosos impulsados por IA en ABP?

2. ¿Qué estrategias pueden utilizar los educadores para garantizar la privacidad de los datos y el uso ético de las herramientas de IA en el aula, especialmente para estudiantes menores de 13 años? ¿Cómo abordas las preocupaciones sobre la protección de datos y el consentimiento informado en tu propia práctica docente?

3. ¿De qué manera pueden utilizarse las herramientas de IA para fomentar la creatividad y el pensamiento crítico en materias más allá de los campos STEM tradicionales? ¿Puedes compartir ideas para proyectos de IA en materias como historia, literatura o arte?

4. ¿Cuáles son los desafíos y soluciones en la enseñanza a los estudiantes para verificar la información generada por la IA? ¿Cómo podemos incorporar habilidades de verificación de información en las actividades diarias del aula para desarrollar la capacidad de pensamiento crítico de los estudiantes?

5. ¿Cómo pueden los educadores equilibrar el uso de herramientas de IA con otros recursos didácticos para crear una experiencia educativa completa? ¿Cuáles son algunas de las mejores prácticas para combinar la tecnología de IA con experiencias de aprendizaje activas y colaborativas?

Oportunidad de Artefacto

Diseñar un proyecto integrado con IA:

Crear una actividad de aprendizaje basado en proyectos que incorpore herramientas de IA, centrándonos en un tema relevante para tu currículo. Planificar el proyecto, implementarlo con los estudiantes y evaluar su impacto en los resultados del aprendizaje.

CAPÍTULO 10

MEJORANDO LA HUMANIDAD: UTILIZANDO LA IA PARA FOMENTAR LA EMPATÍA, LA CREATIVIDAD Y EL PENSAMIENTO CRÍTICO

La IA responsable no trata solo de responsabilidad legal, sino de garantizar que lo que estás construyendo permita el florecimiento humano.
—Rumman Chowdhury, CEO de Parity AI

¿Cómo Podemos Elevar las Habilidades Humanas Esenciales en un Mundo Impulsado por la IA?

En un mundo impulsado por la IA, el desafío no es solo integrarla de manera ética en nuestra vida cotidiana y nuestras profesiones, sino utilizar su potencial para mejorar nuestra humanidad. A medida que las tecnologías de IA continúan evolucionando, el enfoque debe cambiar hacia cómo estas herramientas pueden amplificar habilidades humanas esenciales como la creatividad, el pensamiento crítico y la empatía, en lugar de reemplazarlas.

Sabemos que la capacidad de la IA para procesar enormes cantidades de datos e identificar patrones puede liberar a los humanos de tareas repetitivas, pero ¿cómo podemos utilizar la IA para fines más creativos y críticos? Por ejemplo, la IA puede asistir en sesiones de lluvia de ideas generando diversas ideas y soluciones, las cuales luego pueden ser evaluadas y refinadas críticamente por las mentes humanas.

Esta simbiosis entre la IA y el intelecto humano fomenta un nuevo ámbito de creatividad e innovación. La IA también puede mejorar el pensamiento crítico proporcionando acceso a una gran cantidad de información y perspectivas, permitiendo a las personas analizar y sintetizar datos de manera más efectiva.

Integrar conocimientos de campos como la neurociencia, la psicología y la educación con el desarrollo de la IA puede crear herramientas que no sólo resuelvan problemas técnicos, sino que también enriquezcan la vida humana y las sociedades. En este capítulo, exploramos las numerosas maneras en que la IA puede ser aprovechada para cultivar estas habilidades humanas esenciales, estableciendo las bases para un futuro donde la tecnología y la humanidad avancen de la mano.

A medida que navegamos en este mundo de la IA, recordemos que todos somos alumnos de por vida. Este capítulo no trata sobre máquinas que nos reemplazan, sino sobre cómo pueden ayudarnos a cultivar las habilidades que nos definen en nuestra mejor versión. Juntos, descubramos cómo la IA puede aprovecharse no sólo para aumentar nuestras capacidades, sino también para enriquecer nuestra experiencia humana. Exploraremos cómo la IA puede ayudarnos a ampliar los límites de lo que significa ser seres humanos creativos, reflexivos, colaborativos y compasivos.

La Importancia de la Empatía

La empatía es crucial para fomentar la comprensión intercultural, ya que permite a las personas apreciar y respetar genuinamente diversas perspectivas y experiencias. Al cultivar la empatía, podemos cerrar brechas culturales y construir comunidades más inclusivas y armoniosas.

Imagen generada por DALL·E 3, 2024

A menudo vista como la piedra angular de la conexión y comprensión humanas, la empatía es una habilidad crítica que la IA puede ayudar a desarrollar. Al aprovechar las tecnologías de IA, podemos diseñar experiencias de aprendizaje que promuevan la empatía, permitiendo que las personas comprendan y se relacionen mejor con los demás. Esto es particularmente importante en nuestro mundo cada vez más globalizado, donde las culturas y perspectivas diversas se cruzan a diario.

Aquí tenemos algunos ejemplos de proyectos diseñados para desarrollar la empatía en nuestros estudiantes, generados por GPT-4-128k:

---

1. Proyecto de Servicio Comunitario

Niveles sugeridos: Secundaria y bachillerato (grados 6–12)

Edades: 11–18 años

Objetivo: Los estudiantes se involucrarán con servicios comunitarios locales para comprender y abordar las necesidades de diversos grupos.

Descripción del Proyecto:

- **Fase de Investigación:** Los estudiantes investigan organizaciones comunitarias locales e identifican un grupo que les interese apoyar (por ejemplo, personas mayores, personas sin hogar, personas con discapacidad).
- **Fase de Interacción:** Los estudiantes ofrecen su tiempo como voluntarios u organizan una colecta (por ejemplo, de alimentos, ropa, libros) para apoyar al grupo elegido.
- **Fase de Reflexión:** Los estudiantes escriben ensayos reflexivos o presentan sus experiencias y las ideas emocionales que adquirieron sobre la vida de las personas a las que ayudaron.

Habilidades desarrolladas: Empatía, conciencia social, comunicación, trabajo en equipo.

2. Programa de Intercambio Cultural

Niveles sugeridos: Secundaria y bachillerato (grados 6–12)

Edades: 11–18 años

Objetivo: Desarrollar la empatía y la comprensión de diferentes antecedentes culturales entre los estudiantes.

Descripción del Proyecto:

- **Fase de Preparación:** Se emparejan estudiantes de diferentes orígenes culturales y se les asigna la tarea de aprender sobre las costumbres, tradiciones y vidas diarias del otro.
- **Fase de Intercambio:** Cada estudiante pasa un día o un período de clase "en los zapatos" de su compañero, intentando vivir de acuerdo con sus prácticas culturales.
- **Fase de Presentación:** Los estudiantes crean presentaciones sobre sus experiencias y lo que aprendieron sobre los desafíos y las bellezas de otra cultura.

Habilidades desarrolladas: Empatía intercultural, comunicación, adaptabilidad.

3. Empatía a Través de la Literatura

Niveles sugeridos: Primaria superior y secundaria (grados 4–12)

Edades: 9–18 años

Objetivo: Utilizar la literatura como un espejo y una ventana para explorar diferentes experiencias emocionales y perspectivas.

Descripción del Proyecto:

- **Fase de Lectura:** Los estudiantes leen una novela o una serie de cuentos cortos con protagonistas de diversos orígenes.
- **Fase de Conversación:** A través de conversaciones guiadas, los estudiantes exploran las emociones, motivaciones y decisiones de los personajes.
- **Fase Creativa:** Los estudiantes escriben un cuento corto o una entrada de diario desde la perspectiva de uno de los personajes, enfocándose en capturar su viaje emocional.

Habilidades desarrolladas: Toma de perspectiva, pensamiento crítico, expresión creativa.

Programa de Mentoría Entre Iguales

Niveles sugeridos: Secundaria y bachillerato (grados 6–12)

Edades: 11–18 años

Objetivo: Fomentar la empatía y el apoyo entre los estudiantes mediante un sistema de mentoría entre iguales.

Descripción del Proyecto:

- **Fase de Capacitación:** Los estudiantes reciben formación en escucha activa, asesoramiento básico y técnicas de apoyo.
- **Fase de Mentoría:** Se emparejan estudiantes mayores con estudiantes más jóvenes, ayudándolos con problemas académicos o sociales.
- **Fase de Evaluación:** Los mentores y los alumnos mentorizados brindan retroalimentación sobre el programa, hablando sobre mejoras y éxitos en la comprensión y el apoyo mutuo.

Habilidades desarrolladas: Empatía, liderazgo, comunicación, responsabilidad.

Desarrollando la Empatía a Través de los 17 Objetivos de Desarrollo Sostenible (ODS) de la ONU en el Aprendizaje Basado en Proyectos (ABP) con IA

Aprovechar la IA para desarrollar el Aprendizaje Basado en Proyectos (ABP) con un enfoque interdisciplinario ofrece una experiencia de aprendizaje más auténtica. Al integrar diversas áreas del conocimiento, el ABP motiva a los estudiantes a abordar desafíos complejos del mundo real, como los 17 Objetivos de Desarrollo Sostenible (ODS) de las Naciones Unidas, desde múltiples perspectivas, lo que lleva a soluciones más completas e impactantes.

Estos proyectos pueden fomentar la empatía al hacer que los estudiantes comprendan que abordar las necesidades y sentimientos de los demás es fundamental para impulsar acciones eficaces y compasivas en la consecución de estos objetivos.

Los 17 ODS de la ONU son un llamado universal a la acción para erradicar la pobreza, proteger el planeta y garantizar que todas las personas disfruten de paz y prosperidad para 2030. Para abordar estos objetivos, es esencial un enfoque holístico y empático.

Aquí hay algunos ejemplos de proyectos diseñados para abordar los ODS, generados por GPT-4-128k:

> **Fin de la Pobreza y Hambre Cero (Objetivos 1 y 2)**
>
> Proyecto: Compromiso Comunitario para Aliviar el Hambre
>
> Los estudiantes investigan las causas fundamentales de la pobreza y el hambre en su comunidad a través del contacto directo con personas y familias afectadas. Luego, organizan iniciativas como recolección de alimentos o comedores comunitarios, utilizando sus experiencias de primera mano para mejorar estos esfuerzos. El proyecto no solo atiende necesidades inmediatas, sino que también fomenta en los estudiantes una comprensión más profunda de los factores socioeconómicos que contribuyen a estos problemas.

Educación de Calidad (Objetivo 4)

Proyecto: Apoyo a la Alfabetización y el Aprendizaje

Este proyecto involucra a los estudiantes en la creación o participación en programas que fomenten el acceso a la educación en comunidades desatendidas. Pueden organizar tutorías, donar libros o desarrollar talleres educativos. Al interactuar y enseñar a sus compañeros o a estudiantes más jóvenes, los participantes desarrollan empatía al comprender los desafíos educativos y las barreras que enfrentan otros.

Igualdad de Género (Objetivo 5)

Proyecto: Voces por la Igualdad

Los estudiantes realizan entrevistas y recopilan testimonios de personas de diferentes géneros que han enfrentado discriminación. Luego, transforman esta información en narrativas poderosas a través de documentales, presentaciones o campañas en redes sociales para promover la igualdad de género. Este proyecto ayuda a los estudiantes a empatizar con quienes sufren injusticias de género y a generar conciencia en la comunidad.

Agua Limpia y Saneamiento (Objetivo 6)

Proyecto: Estudio del Ciclo del Agua

Los estudiantes analizan el impacto de la escasez de agua en distintas comunidades, posiblemente estableciendo vínculos con una comunidad en otra parte del mundo a través de herramientas digitales. A partir de sus estudios e interacciones, desarrollan soluciones para ahorrar agua o campañas de concienciación. Comprender las dificultades diarias relacionadas con la escasez de agua fomenta la empatía y motiva la creación de soluciones innovadoras.

Reducción de las Desigualdades (Objetivo 10)

Proyecto: Conectando Mundos Diversos

Este proyecto consiste en la creación de eventos o plataformas para destacar historias de grupos marginados o subrepresentados. Los estudiantes pueden organizar exposiciones de arte, sesiones de narración o conversaciones que fomenten una comprensión más profunda de las desigualdades que enfrentan estas comunidades. Al interactuar directamente con diversas poblaciones, los estudiantes fortalecen su empatía y su compromiso con la equidad.

Acción por el Clima (Objetivo 13)

Proyecto: Exhibiciones de Empatía Ambiental

Los estudiantes trabajan con científicos ambientales y activistas locales para comprender los efectos del cambio climático en su comunidad. Luego, traducen estos conocimientos en exhibiciones educativas o talleres interactivos dirigidos al público, con el objetivo de personalizar los efectos del cambio climático y fomentar una respuesta empática en la comunidad.

Paz, Justicia e Instituciones Sólidas (Objetivo 16)

Proyecto: Caminos hacia la Paz

Los estudiantes investigan cuestiones históricas y contemporáneas relacionadas con la paz y la justicia a través de entrevistas con pacificadores, trabajadores de justicia y líderes comunitarios. Posteriormente, organizan foros públicos o asambleas escolares para compartir sus hallazgos y abogar por soluciones pacíficas a conflictos, promoviendo así un ambiente de comprensión y empatía dentro de su comunidad.

Al integrar la empatía en proyectos alineados con los ODS, los educadores pueden ayudar a los estudiantes no solo a comprender estos desafíos globales, sino también a sentirse capacitados para contribuir a soluciones sostenibles. Estos enfoques empáticos garantizan que los estudiantes no sean solo alumnos pasivos, sino participantes activos en la construcción de un mundo más justo y sostenible.

Herramientas de IA para Mejorar la Creatividad

La IA puede mejorar significativamente la cualidad humana de la creatividad actuando como un colaborador que expande nuestros horizontes imaginativos y proporciona perspectivas frescas. Las herramientas de IA pueden generar ideas novedosas, sugerir combinaciones únicas y ofrecer nuevas formas de pensar que podrían no ocurrírseles a los humanos por sí solos. Por ejemplo, plataformas impulsadas por IA como GPT-4 de OpenAI pueden ayudar a los escritores generando ideas para historias o creando diálogos.

Al escribir este libro sobre pedagogía potenciada por IA, encontré compañeros de pensamiento muy valiosos en los bots a los que me suscribo en Poe.com, incluyendo GPT-4, Gemini 1.5 Pro, Claude-3-Opus, GPT-4-128k y GPT-4o, por nombrar algunos. Estas interacciones, guiadas por el proceso de pensamiento de diseño, me ayudaron a refinar ideas, obtener

Imagen generada por DALL·E 3, 2024

perspectivas diversas y mejorar el contenido mediante intercambios dinámicos y diálogos iterativos con modelos de IA, enriqueciendo en última instancia la creatividad y calidad del resultado final.

Las herramientas de IA generativa de imágenes como DALL·E representan un avance significativo en la mejora de la creatividad humana dentro de las artes visuales. Estas herramientas son capaces de producir imágenes altamente detalladas e imaginativas basadas en descripciones textuales, permitiendo a los artistas dar vida a sus conceptos con una facilidad y precisión sin precedentes.

Por ejemplo, la IA generativa puede producir representaciones únicas y visualmente impresionantes de ideas, permitiendo a los artistas experimentar y visualizar conceptos que podrían ser difíciles o consumir mucho tiempo para crear manualmente. Al proporcionar prototipos visuales rápidos, estas herramientas de IA inspiran nuevas direcciones artísticas y ayudan a los artistas a expandir los límites de su creatividad. Permiten la exploración de composiciones innovadoras que combinan elementos de formas novedosas, expandiendo así las posibilidades dentro del ámbito de las artes visuales.

En música, la IA puede componer piezas originales, sugerir progresiones de acordes y crear sinfonías, permitiendo a los músicos explorar nuevos géneros y armonías. Herramientas como AIVA (Artificial Intelligence Virtual Artist) permiten a los compositores introducir parámetros básicos y recibir composiciones completamente orquestadas que pueden ser refinadas y personalizadas posteriormente. Esto no sólo acelera el proceso creativo sino que también abre nuevas vías para la innovación y colaboración musical.

Las herramientas de IA pueden ser increíblemente efectivas para la resolución creativa de problemas porque pueden procesar grandes cantidades de datos rápidamente, identificar patrones y generar soluciones innovadoras que podrían no ser inmediatamente evidentes para los humanos. Estas herramientas pueden procesar grandes cantidades de datos rápidamente, visualizar conexiones entre ideas y proporcionar perspectivas inteligentes que podrían no ser inmediatamente aparentes. Esto permite a individuos y equipos enfocarse más en refinar y desarrollar sus ideas, mejorando en última instancia su pensamiento crítico y creatividad.

Mural AI es una herramienta colaborativa avanzada diseñada para mejorar las sesiones de lluvia de ideas a través de una pizarra virtual y colaboración en tiempo real. Mural AI ofrece características como agrupación de ideas, plantillas inteligentes y perspectivas automatizadas. Durante una sesión de lluvia de ideas, por ejemplo, Mural AI puede agrupar automáticamente ideas relacionadas y resaltar temas clave, ayudando a los equipos a organizar sus pensamientos de manera más efectiva e identificar conexiones potenciales entre conceptos. Este entorno estructurado pero flexible permite a los alumnos enfocarse en explorar soluciones creativas y refinar sus ideas. Es importante destacar que Mural AI apoya las metodologías de pensamiento de diseño al facilitar el mapeo de empatía, ideación, prototipado y pruebas, convirtiéndola en una herramienta esencial para la resolución creativa de problemas.

Estas son las capacidades clave de Mural AI:

1. **Generar Mapas Mentales**: Los usuarios pueden crear mapas mentales instantáneamente proporcionando una idea o prompt central. Mural AI generará un mapa mental completo con conceptos e ideas relacionadas ramificándose.

2. **Generar Contenido**: Aprovechando prompts en lenguaje natural, Mural AI puede generar ideas, visuales, preguntas, hipótesis y otro contenido directamente en el lienzo de Mural para alimentar sesiones de lluvia de ideas y resolución de problemas.

3. **Resumir:** Puede resumir rápidamente texto, notas adhesivas y otro contenido en un tablero de Mural para sintetizar puntos e ideas clave.

4. **Agrupar Ideas:** Mural AI puede agrupar automáticamente notas adhesivas relacionadas basadas en temas o tópicos, acelerando el proceso de mapeo de afinidad.

5. **Integración con Microsoft Copilot:** Mural se integra con Microsoft 365 Copilot, permitiendo a los usuarios aprovechar las capacidades de lenguaje natural de Copilot para encontrar murales, resumir contenido, generar ideas y agilizar flujos de trabajo colaborativos.

De manera similar, Miro Assist (anteriormente Miro AI) proporciona una plataforma robusta para la resolución creativa de problemas con su pizarra interactiva en línea. Miro Assist es un asistente potenciado por IA integrado en la plataforma de colaboración visual Miro. Su propósito principal es aumentar y acelerar los flujos de trabajo creativos y de resolución de problemas de equipos que utilizan las pizarras digitales y plantillas de Miro.

Estas son algunas cosas clave que Miro Assist puede hacer:

1. **Generar Contenido e Ideas**: Miro Assist puede generar ideas, contenido y elementos visuales basados en prompts de texto o el contexto del tablero de Miro. Esto incluye crear mapas mentales, diagramas, presentaciones, imágenes y más desde cero o expandir elementos existentes.

2. **Proporcionar Sugerencias Inteligentes:** Puede analizar el contenido en un tablero de Miro y proporcionar sugerencias relevantes, perspectivas y próximos pasos para avanzar en la ideación, planificación y ejecución.

3. **Automatizar Tareas:** Miro Assist puede automatizar tareas repetitivas como resumir notas, redactar elementos de acción o limpiar elementos visuales, ahorrando tiempo y esfuerzo a los equipos.

4. **Mejorar la Colaboración:** Al generar contenido y facilitar el proceso de ideación, Miro Assist busca mejorar la colaboración en tiempo real y el alineamiento dentro de equipos distribuidos que trabajan en tableros de Miro.

Tanto Mural AI como Miro Assist están profundamente arraigados en los principios del pensamiento de diseño, apoyando etapas como empatizar con los usuarios, definir problemas, idear, prototipar y probar soluciones. Sin embargo, una diferencia clave radica en su enfoque. Mural está específicamente diseñado para la colaboración visual y lluvia de ideas, ofreciendo una amplia gama de plantillas y herramientas para ayudar a los usuarios a crear y organizar ideas de manera efectiva. Miro, por otro lado, es una plataforma de colaboración más versátil, adecuada para una gama más amplia de propósitos, incluyendo planificación, prototipado y diseño.

Al aprovechar las capacidades de herramientas como Mural AI y Miro AI, tanto estudiantes como profesionales pueden transformar sus sesiones de lluvia de ideas en experiencias dinámicas y productivas que fomentan la creatividad y el pensamiento crítico. Estas herramientas proporcionan la estructura y el apoyo necesarios para explorar nuevas ideas y resolver problemas complejos de manera efectiva mientras se adhieren a metodologías de pensamiento de diseño que aseguran que las soluciones estén centradas en el usuario y sean innovadoras.

Al manejar tareas repetitivas y proporcionar sugerencias creativas, la IA permite a los humanos enfocarse más en refinar e innovar su trabajo. Esta relación simbiótica entre la IA y la creatividad humana no solo mejora nuestras capacidades artísticas sino que también fomenta una comprensión y apreciación más profunda del proceso creativo en sí mismo.

Uso de la IA para Agudizar el Pensamiento Crítico

En nuestro mundo actual, donde estamos constantemente bombardeados con información, el pensamiento crítico se ha convertido en una habilidad indispensable. La IA puede ser instrumental en el desarrollo de esta habilidad al proporcionar herramientas para el análisis y visualización de datos. Los estudiantes pueden interactuar con simulaciones impulsadas por IA que presentan escenarios complejos y los animan a analizar datos, identificar patrones y sacar conclusiones informadas. La IA también puede ayudar a combatir la desinformación identificando sesgos y noticias falsas, capacitando a las personas para evaluar críticamente la información antes de formar opiniones. Además, las plataformas de debate impulsadas por IA pueden proporcionar un espacio seguro para que los estudiantes participen en discursos constructivos, refinando sus argumentos y comprendiendo diferentes perspectivas.

Ideas de Clases para Agudizar el Pensamiento Crítico Usando IA (de GPT-4-128k)

Plan de Lección: Realidad o Ficción – Verificando los Resultados de la IA en Cuanto a Sesgo y Precisión

Nivel de Grado: 9-12

Materia: Alfabetización Mediática/Tecnología de la Información

Materiales Necesarios:

- Herramientas de generación de contenido con IA (ej., ChatGPT)
- Acceso a Internet y bases de datos de investigación
- Pautas y recursos para la verificación de hechos
- Hojas de trabajo para registrar hallazgos

Descripción General de la Clase:

En esta investigación basada en proyectos, los estudiantes evaluarán críticamente la fiabilidad del contenido generado por IA. Interactuarán con la IA para producir información, luego usarán habilidades de investigación para verificar la precisión y descubrir cualquier sesgo.

Actividades de la Clase:

Introducción a la IA en los Medios

Ejemplos de Noticias Falsas y Afirmaciones Dudosas:

1. Desinformación Política:
Ejemplo: Durante un período electoral, un artículo generado por IA afirma falsamente que un candidato se ha retirado de la carrera debido a problemas de salud, potencialmente afectando el comportamiento de los votantes.

2. Desinformación sobre Salud:
Ejemplo: Un sistema de IA difunde información de que cierta hierba es una cura para el Covid-19, sin respaldo científico. Este tipo de desinformación puede llevar a comportamientos de salud peligrosos y pánico público.

3. Fraude Financiero:
Ejemplo: Noticias falsas generadas por IA afirman que cierta empresa está al borde de la bancarrota, llevando a un esquema de manipulación del mercado de valores donde los comerciantes venden rápidamente sus acciones, causando daño financiero real.

Ejemplos de Alucinaciones de la IA:

- Inexactitudes Históricas:
- Ejemplo: Una IA, cuando se le pregunta sobre eventos históricos, podría "alucinar" con algunos detalles, como afirmar incorrectamente que Napoleón Bonaparte luchó en la Primera Guerra Mundial.

- Datos Científicos:
- Ejemplo: Una herramienta de IA diseñada para ayudar con la tarea podría generar una explicación que suena plausible pero completamente incorrecta de un principio científico, como afirmar que el agua hierve a 70 grados Celsius.

- Errores Biográficos:
- Ejemplo: Una IA que genera contenido biográfico podría crear un perfil para una celebridad que incluye relaciones o logros falsos, como afirmar que una actriz famosa ganó un Oscar por una película en la que no participó.

- Errores Geográficos:
- Ejemplo: Al generar descripciones de ubicaciones, una IA podría confundir puntos de referencia, afirmando, por ejemplo, que la Torre Eiffel está ubicada en Roma.

Cada uno de estos ejemplos subraya los riesgos potenciales asociados con aceptar sin crítica el contenido generado por IA. Ya sea a través de intención maliciosa (como con algunas noticias falsas) o las limitaciones inherentes de la IA (como con las alucinaciones), estas inexactitudes pueden tener consecuencias en el mundo real. Los educadores y estudiantes deben estar equipados para reconocer e investigar la veracidad de dicha información, reforzando la necesidad de habilidades sólidas de alfabetización digital en un mundo impulsado por la IA.

Enseñando a los Estudiantes Cómo Verificar Hechos

Muchos estudiantes ahora están usando herramientas de IA para aumentar su aprendizaje, pero esto viene con el desafío de navegar en un mundo desbordado de información. Es crucial que los estudiantes desarrollen fuertes habilidades de verificación de hechos y aprendan a evaluar críticamente los resultados de las herramientas de IA.

A medida que incorporamos el uso de herramientas de IA en escenarios de ABP, la capacidad de verificar el material generado por IA se está convirtiendo rápidamente en una habilidad esencial. Si bien la IA abre nuevas vías para la creatividad y la eficiencia, también puede producir información inexacta o sesgada. Sin la orientación adecuada, los estudiantes pueden confiar en estos resultados defectuosos, llevando a conclusiones equivocadas y resultados de aprendizaje erróneos. Al incorporar habilidades de verificación de hechos en proyectos con IA, los educadores pueden asegurar que los estudiantes desarrollen habilidades de pensamiento crítico y un enfoque discriminador hacia el contenido digital. Esto no solo mejora la calidad de su trabajo sino que también los prepara para navegar en un mundo donde la información generada por IA está presente en todos lados.

La figura 10.1 da una idea general de cómo los estudiantes pueden verificar información.

Figura 10.1:

Pautas para la Verificación de Hechos

PAUTAS PARA VERIFICAR HECHOS

1. **ANOTAR BORRADORES CON FUENTES**
   Asegúrate de anotar cada dato para facilitar la verificación de hechos.

2. **PROPORCIONAR UN PAQUETE DE FUENTES**
   Incluye fuentes primarias, transcripciones de entrevistas, notas y otros materiales de investigación en un "paquete de investigación" para el verificador.

3. **USAR UNA VARIEDAD DE FUENTES**
   Utiliza diferentes fuentes para corroborar los hechos (triangulación).

4. **CONSULTAR MEDIOS CREÍBLES**
   Revisa agencias de noticias profesionales y medios con estándares editoriales y recursos de verificación de hechos.

5. **VERIFICAR SESGOS**
   Sé consciente de los posibles sesgos en las fuentes y revisa la presencia de sesgo de confirmación.

6. **EVALUAR FUENTES**
   Analiza las fuentes según criterios como actualidad, relevancia, autoridad, precisión y propósito (prueba ARAPP).

7. **CONSULTAR GUÍAS DE FUENTES FIABLES**
   Algunos medios proporcionan listas de verificación o directrices escritas para periodistas sobre cómo preparar materiales para la verificación de hechos.

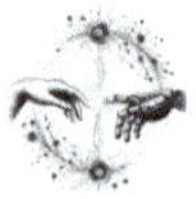

La prueba CRAAP, originada por bibliotecarios de California State University, ha sido una herramienta ampliamente adoptada para evaluar la fiabilidad de las fuentes de información en todas las disciplinas académicas, utilizando cinco criterios:

- **Actualidad** (Currency) se refiere a la puntualidad y vigencia de la fuente de información. Evalúa qué tan reciente es la información y si refleja los últimos desarrollos o investigaciones sobre el tema. Las preguntas relevantes incluyen la fecha de publicación, si la fuente ha sido revisada o actualizada, y si los enlaces funcionan.
- **Relevancia** (Relevance) evalúa la importancia y aplicabilidad de la fuente de información para sus necesidades específicas o pregunta de investigación. Considera si el contenido apoya directamente su argumento y está escrito para el nivel de audiencia apropiado y si ha consultado una variedad de fuentes.
- **Autoridad** (Authority) examina la credibilidad y experiencia del creador o editor de la fuente. Los factores clave son las calificaciones del autor, afiliaciones y reputación en el campo, y si la fuente proviene de una organización confiable o ha pasado por una revisión por pares.
- **Precisión** (Accuracy) evalúa la fiabilidad, veracidad y corrección del contenido. Los signos de precisión incluyen citas de fuentes de evidencia, corroboración con otras fuentes, ausencia de errores y tono neutral sin sesgo o intención persuasiva.
- **Propósito** (Purpose) considera la razón por la que existe la fuente de información y las motivaciones detrás de su creación. Examina si el propósito es informar, persuadir, vender, entretener o promover una ideología o sesgo particular, y si las intenciones del autor están claramente establecidas.

La prueba ARAPP (CRAAP en inglés) ayuda a educadores y estudiantes a determinar la fiabilidad de las fuentes de investigación evaluando su fiabilidad.

Recursos para la Verificación de Hechos

Estos sitios web fueron encontrados en Perplexity, reescritos por GPT-4-128k, ¡y todos verificados por mí!

- **FactCheck.org:** Un proyecto del Centro de Política Pública Annenberg que verifica la precisión factual de declaraciones hechas por importantes actores políticos estadounidenses en forma de anuncios de TV, debates, discursos, entrevistas y comunicados de prensa.
- **Google Scholar (scholar.google.com):** Útil para encontrar artículos académicos e investigaciones para verificar afirmaciones y datos científicos.
- **PolitiFact (politifact.com):** Un sitio web independiente de verificación de hechos que califica la precisión de las afirmaciones de funcionarios electos y otros que hablan en la política estadounidense.
- **Reuters Fact Check (reuters.com/fact-check):** Proporciona verificación de hechos sobre noticias globales y afirmaciones virales.

Ensayos Reflexivos

Como seguimiento, los estudiantes escriben ensayos reflexionando sobre sus experiencias, la importancia de la evaluación crítica del contenido generado por IA y el papel de la IA en los medios modernos.

Esta investigación inductiva alienta a los estudiantes a involucrarse profundamente con el material, fomentando habilidades en pensamiento crítico, investigación y aprendizaje colaborativo mientras navegan por las complejidades de la información generada por IA.

Ser parte de este campo dinámico en un momento tan transformador es emocionante. Espero ver cómo los continuos avances en IA seguirán refinando nuestras estrategias pedagógicas y enriqueciendo los viajes educativos de nuestros estudiantes. Este cambio en la educación no se trata sólo de adoptar nuevas herramientas; se trata de redefinir fundamentalmente la esencia de cómo enseñamos y aprendemos. Al integrar conocimientos de varios campos, podemos usar herramientas de IA que no solo mejoren nuestras cualidades humanas intrínsecas sino que también contribuyan a un mundo más justo, inclusivo y empático. A medida que avanzamos en la tecnología de IA, es imperativo que prioricemos la empatía y la conexión humana, asegurando que la IA sirva como una fuerza para el bien en la sociedad.

Resumen del Capítulo

Este capítulo exploró cómo la IA puede utilizarse para mejorar habilidades humanas esenciales como la empatía, la creatividad y el pensamiento crítico. En un mundo impulsado por la IA, el objetivo no es simplemente integrar la IA éticamente en nuestras vidas, sino utilizar su potencial para enriquecer nuestra humanidad.

También hablamos de ejemplos prácticos de cómo la IA puede elevar la empatía a través del aprendizaje basado en proyectos (ABP) que integra enfoques interdisciplinarios. Se destacan proyectos como el servicio comunitario, los intercambios culturales y la empatía a través de la literatura por su potencial para fomentar la empatía entre los estudiantes.

La capacidad de la IA para procesar grandes cantidades de datos e identificar patrones libera a los humanos de tareas repetitivas, permitiéndonos concentrarnos en actividades más creativas. Por ejemplo, la IA puede mejorar las sesiones de lluvia de ideas generando ideas y soluciones diversas, que los humanos pueden evaluar y refinar críticamente, fomentando la resolución innovadora de problemas. Además, herramientas de IA como Mural AI y Miro Assist mejoran la resolución creativa de problemas y el pensamiento crítico a través de funciones como el agrupamiento de ideas, plantillas inteligentes y colaboración en tiempo real.

Al integrar la IA en las prácticas educativas, podemos crear herramientas que no sólo resuelvan problemas técnicos, sino que también enriquezcan las vidas y sociedades humanas. Este capítulo hizo énfasis en la importancia de desarrollar la empatía, la creatividad y el pensamiento crítico en los estudiantes, preparándolos para navegar y dar forma a un mundo impulsado por la IA de manera responsable. El objetivo final es usar la IA para aumentar nuestras capacidades y enriquecer nuestra experiencia humana, fomentando una sociedad más justa, inclusiva y empática.

Preguntas de Diálogo

1. ¿Cómo se pueden integrar efectivamente las herramientas de IA en el aprendizaje basado en proyectos (PBL) para mejorar la empatía entre los estudiantes? ¿Qué herramientas o ideas específicas de IA crees que son más efectivas para fomentar la empatía en los estudiantes? ¿Puedes compartir algunas experiencias o ejemplos?

2. ¿De qué manera puede la IA apoyar y mejorar la resolución creativa de problemas en el aula? ¿Cómo han impactado las herramientas colaborativas como Mural AI y Miro Assist en tu enfoque para enseñar creatividad y pensamiento crítico? ¿Puedes proporcionar ejemplos de proyectos exitosos?

3. ¿Cómo pueden los educadores desarrollar las habilidades de pensamiento crítico de los estudiantes cuando utilizan herramientas de IA? ¿Qué estrategias empleas para asegurar que los estudiantes evalúen críticamente el contenido generado por IA y no lo acepten pasivamente?

4. ¿Cómo pueden los enfoques interdisciplinarios en PBL, apoyados por la IA, abordar objetivos sociales más amplios como los Objetivos de Desarrollo Sostenible (ODS) de las Naciones Unidas? ¿Puedes compartir ejemplos de proyectos interdisciplinarios que hayan integrado exitosamente la IA para abordar problemas del mundo real y promover la justicia social y la sostenibilidad?

Oportunidad de Artefacto

Proyecto de Desarrollo de Empatía:

Desarrolla un proyecto que utilice la IA para fomentar la empatía entre los estudiantes, como crear una historia digital desde la perspectiva de un grupo marginado. Presenta el proyecto y habla de cómo la IA puede mejorar la empatía y la comprensión dentro de la comunidad escolar.

Unas Palabras finales

Al concluir "Pedagogía Potenciada por IA: Redefiniendo la Educación", es momento de reflexionar sobre el camino que hemos emprendido juntos. Este libro ha tenido como objetivo empoderar a los educadores con el conocimiento, las herramientas y la confianza para integrar la inteligencia artificial en las prácticas de enseñanza de manera efectiva. Al explorar el potencial transformador de la IA, hemos destacado cómo puede mejorar las metodologías educativas, apoyar a los educadores y enriquecer las experiencias de aprendizaje de los estudiantes.

Puntos Clave

1. Marcos Institucionales:

- **Habilitando la Innovación:** Examinamos cómo los marcos institucionales pueden apoyar la innovación e integridad, enfatizando la necesidad de políticas de IA unificadas y en evolución para asegurar un uso justo, ético e inclusivo de la IA en la educación.
- **Consideraciones Éticas:** Se subrayó la importancia de mantener estándares éticos e integridad académica en la integración de la IA, con estrategias prácticas y marcos proporcionados para guiar a los educadores.

2. Compromiso del Educador:

- **Etapas de Adopción de IA:** Trazamos el viaje de adopción de la IA, delineando las etapas desde Sobrevivir hasta Llegar, y proporcionamos consejos prácticos y estudios de caso para ayudar a los educadores a navegar este proceso.
- **Optimizando el Flujo de Trabajo:** Se exploró el potencial de la IA para mejorar el flujo de trabajo del educador y la

creatividad, mostrando herramientas y técnicas para automatizar tareas administrativas y fomentar prácticas de enseñanza innovadoras.

- **Creando Indicaciones Efectivas:** Se introdujo el marco IDEAS para ayudar a los educadores a ir más allá de las bibliotecas de indicaciones estáticas, enfatizando el arte de crear y refinar iterativamente indicaciones para interacciones significativas con herramientas de IA.

3. Uso de IA Centrado en el Alumno:

- **Desarrollando Estudiantes Éticos:** Se discutió el uso ético de la IA, enfocándose en enseñar a los estudiantes a reconocer y mitigar sesgos, desafiar estereotipos y navegar el mundo digital de manera responsable. •

- **Proyectos Infundidos con IA:** Exploramos el aprendizaje basado en proyectos (ABP) mejorado por IA, ofreciendo ideas prácticas de proyectos para involucrar a los estudiantes y desarrollar pensamiento crítico, creatividad y empatía.

- **Mejorando la Humanidad:** El libro enfatizó la importancia de aprovechar la IA para cultivar habilidades humanas esenciales, como empatía, creatividad y pensamiento crítico, y destacó enfoques interdisciplinarios para abordar objetivos sociales más amplios.

Mientras llevas lo que has aprendido aquí de vuelta a tu sistema escolar o aula, aquí tenemos algunos pasos siguientes para ayudarte a continuar desarrollando tu conocimiento y confianza en el uso de la IA y enriquecer tu plan de estudios.

Próximos Pasos

1. Desarrollo Profesional Continuo:

- Participar en desarrollo profesional continuo para mantenerse actualizado sobre los avances de la IA y las mejores prácticas. Participar en talleres, seminarios web y comunidades de aprendizaje colaborativo enfocadas en la IA en educación.

2. Consideraciones Éticas:

- Implementar y revisar con regularidad las pautas éticas y políticas para el uso de la IA en tu institución. Fomentar una cultura de transparencia, responsabilidad e inclusividad en las prácticas de IA.

3. Integración Curricular:

- Integrar herramientas de IA en tu plan de estudios de manera reflexiva, asegurando que mejoren los objetivos pedagógicos y apoyen el aprendizaje de los estudiantes. Usar los proyectos y ejemplos proporcionados en este libro como punto de partida para desarrollar tus propias lecciones infundidas con IA.

4. Empoderamiento del Alumnado:

- Animar a los estudiantes a usar la IA de manera responsable y creativa. Enseñarles pensamiento crítico y habilidades de verificación de hechos para navegar el contenido generado por IA y promover una ciudadanía digital ética.

5. Esfuerzos Colaborativos:

- Colaborar con compañeros y compañeras, líderes y la comunidad educativa más amplia para compartir ideas, recursos y mejores prácticas para la integración de la IA. Fomentar una red de apoyo para mejorar colectivamente la pedagogía potenciada por IA.

Al adoptar estos siguientes pasos, los educadores pueden aprovechar todo el potencial de la IA para crear ambientes de aprendizaje dinámicos, atractivos e inclusivos. El camino de la pedagogía potenciada por IA es continuo, y juntos, podemos redefinir la educación para preparar mejor a nuestros estudiantes para el futuro. Gracias por embarcarte en este viaje transformador conmigo. Continuemos innovando, inspirando y empoderando a través del poder de la IA.

Una Nota Personal

A lo largo de mi carrera como educadora y consultora educativa, he tenido el privilegio de presenciar el increíble impacto que las prácticas de enseñanza innovadoras pueden tener en las vidas de los estudiantes. Escribir este libro ha sido un viaje profundamente personal para mí, impulsado por mi pasión por aprovechar la tecnología para mejorar el aprendizaje y mi compromiso de apoyar a los educadores en su crecimiento profesional.

Recuerdo la primera vez que introduje herramientas de IA en mis talleres. La emoción y curiosidad que vi en los ojos de las personas fue inolvidable. Me quedó claro que la IA no es solo una herramienta para la eficiencia sino un catalizador para la inspiración y la creatividad. Esta experiencia reafirmó mi creencia en el poder transformador de la tecnología cuando es usada de manera reflexiva y ética.

Mientras te embarcas en este viaje de integrar la IA en tus prácticas de enseñanza, espero que encuentres el mismo sentido de asombro y posibilidad que yo sentí. Recuerda, el objetivo no es reemplazar los valiosos elementos humanos sino aumentarlos, creando experiencias de aprendizaje más ricas y significativas para nuestro alumnado.

Gracias por acompañarme en este camino transformador. Continuemos innovando, inspirando y empoderando a través de la pedagogía potenciada por la IA. Juntos, podemos redefinir la educación y tener un impacto duradero en el futuro del aprendizaje.

REFERENCIAS Y LECTURAS ADICIONALES

3 formas en que la IA puede ayudar a los agricultores a enfrentar los desafíos de la agricultura moderna. (s.f.). Obtenido el 13 de mayo de 2024, de https://theconversation.com/3-ways-ai-can-help-farmers-tackle-the-challenges-of-modern-agriculture-213210

78 estadísticas y tendencias de inteligencia artificial para 2024. (s.f.). Blog de Semrush. Obtenido el 7 de mayo de 2024, de https://www.semrush.com/blog/artificial-intelligence-stats/

IA y educación: Guía para los responsables políticos—Biblioteca Digital de la UNESCO. (s.f.). Obtenido el 13 de mayo de 2024, de https://unesdoc.unesco.org/ark:/48223/pf0000376709

La inteligencia artificial en el trabajo está aquí. Ahora viene la parte difícil. (s.f.). Obtenido el 10 de mayo de 2024, de https://www.microsoft.com/en-us/worklab/work-trend-index/ai-at-work-is-here-now-comes-the-hard-PARTE

Visión general de los principios de la IA—OECD.AI. (s.f.). Obtenido el 13 de mayo de 2024, de https://oecd.ai/en/ai-principles

AIVA, el asistente de generación musical impulsado por IA. (s.f.). Obtenido el 20 de mayo de 2024, de https://www.aiva.ai/

Almulla, M. A. (2020). La efectividad del aprendizaje basado en proyectos (ABP) como una manera de involucrar a los estudiantes en el aprendizaje. *Sage Open, 10*(3), 2158244020938702. https://doi.org/10.1177/2158244020938702

Principios de Asilomar para la IA. (s.f.). Instituto Future of Life. Obtenido el 22 de mayo de 2024, de https://futureoflife.org/open-letter/ai-principles/

BBC Verify | Últimas noticias y actualizaciones | BBC News. (s.f.). Obtenido el 9 de mayo de 2024, de https://www.bbc.com/news/reality_check

Prueba CRAAP. (2024). En Wikipedia. Obtenido de https://en.wikipedia.org/w/index.php?title=CRAAP_test&oldid=1218350705

Prueba CRAAP—Evaluación de recursos y desinformación—Guías de la biblioteca de UChicago. (s.f.). Obtenido el 16 de mayo de 2024, de https://guides.lib.uchicago.edu/c.php?g=1241077&p=9082343

Ciclos, T. El texto proporciona información general. S. asume no responsabilidad por la información proporcionada como completa o correcta. D. a actualizaciones variables y texto, S. C. D. M. actualizado. T. R. en el. (s.f.). Tema: Inteligencia artificial (IA) en el trabajo y la productividad. *Statista*. Obtenido el 7 de mayo de 2024, de https://www.statista.com/topics/11516/artificial-intelligence-ai-in-labor-and-productivity/

El potencial económico de la IA generativa | McKinsey. (s.f.). Obtenido el 7 de mayo de 2024, de https://www.mckinsey.com/capabilities/mckinseydigital/our-insights/the-economic-potential-of-generative-ai-the-next-productivity-frontier#introduction

Evaluación de impacto ético: Una herramienta de la Recomendación sobre la Ética de la Inteligencia Artificial—Biblioteca Digital de la UNESCO. (s.f.). Obtenido el 12 de mayo de 2024, de https://unesdoc.unesco.org/ark:/48223/pf0000386276

Guías éticas para una IA confiable | Configurando el futuro digital de Europa. (2019, 8 de abril). Obtenido de https://digital-strategy.ec.europa.eu/en/library/ethics-guidelines-trustworthy-ai

Evaluación de Fuentes: CARRDSS. (s.f.). *H-B Woodlawn*. Obtenido el 15 de mayo de 2024, de https://hbwoodlawn.apsva.us/library-home/research/evaluating-resources-caardss/

FactCheck.org. (s.f.). Obtenido el 9 de mayo de 2024, de https://www.factcheck.org/

Ley de Derechos Educativos y Privacidad Familiar (FERPA). (s.f.). Obtenido el 17 de mayo de 2024, de https://www2.ed.gov/policy/gen/guid/fpco/ferpa/index.html

Ley de Derechos Educativos y Privacidad Familiar (FERPA). (2021, 25 de agosto). [Guías]. Departamento de Educación de EE.UU. Obtenido de https://www2.ed.gov/policy/gen/guid/fpco/ferpa/index.html

Gemini – Chat para potenciar tus ideas. (s.f.). Obtenido el 15 de mayo de 2024, de https://gemini.google.com

Reglamento General de Protección de Datos (GDPR) – Texto legal. (s.f.). Obtenido el 17 de mayo de 2024, de https://gdpr-info.eu/

Google Scholar. (s.f.). Obtenido el 9 de mayo de 2024, de https://scholar.google.com/

Guy, I. R., Jack. (2023, 2 de octubre). Tom Hanks dice que un video promocional de un plan dental usa "una versión de IA de mí" sin permiso. *CNN*. Obtenido de https://www.cnn.com/2023/10/02/entertainment/tom-hanks-ai-dental-plan-video-intl-scli/index.html

Hardman, D. P. (2024, 11 de enero). IA y el aprendizaje "no personalizado" [Boletín de Substack]. *Dr Phil's Newsletter, Powered by DOMSTM AI*. Obtenido de https://drphilippahardman.substack.com/p/un-personalised-learning

¿Cómo podría la IA cambiar la vida en granjas y propiedades rurales? (s.f.). *Strutt & Parker - Rural Hub*. Obtenido el 13 de mayo de 2024, de https://rural.struttandparker.com/article/how-could-ai-change-life-in-the-rural-sector/

¿Es detectable el contenido generado por IA? (2024, 23 de abril). *Colegio de Ciencias Naturales y Matemáticas de la Universidad de Maryland*. Obtenido de https://cmns.umd.edu/news-events/news/ai-generated-content-actually-detectable

¿La ingeniería de *prompts* es realmente ingeniería? (s.f.). Jennifer Chang Wathall. Obtenido el 2 de mayo de 2024, de https://www.jenniferchangwathall.com/single-post/is-prompt-engineering-really-prompt-engineering

Kampen, K. V. (s.f.). Guías de la Biblioteca: Evaluación de recursos y desinformación: Prueba CRAAP. Obtenido el 16 de mayo de 2024, de https://guides.lib.uchicago.edu/c.php?g=1241077&p=9082343

Kurt, D. S. (2023). Modelo SAMR: Sustitución, Aumento, Modificación y Redefinición. *Educational Technology*. Obtenido de https://educationaltechnology.net/samr-model-substitution-augmentation-modification-and-redefinition/

Lu, J. (s.f.). Guías de investigación: Inteligencia artificial (IA): Cómo citar contenido generado por IA. Obtenido el 9 de mayo de 2024, de https://guides.lib.purdue.edu/c.php?g=1371380&p=10135074

Marcus. (2024, 12 de febrero). Las 15 frases más comunes de ChatGPT. *AI Phrase Finder*. Obtenido de https://aiphrasefinder.com/common-chatgpt-phrases/

PDPC | Enfoque de Singapur hacia la Gobernanza de IA. (s.f.). Obtenido el 21 de noviembre de 2023, de https://www.pdpc.gov.sg/Help-and-Resources/2020/01/Model-AI-Governance-Framework

Polger, M. A. (s.f.). *CSI Library*: Desinformación y desinformación: Pensar críticamente sobre las fuentes de información: Sitios web para verificar hechos. Obtenido el 9 de mayo de 2024, de https://library.csi.cuny.edu/c.php?g=619342&p=4310783

PolitiFact. (s.f.). Obtenido el 9 de mayo de 2024, de https://www.politifact.com/

PricewaterhouseCoopers. (s.f.). Predicciones empresariales de IA para 2024. *PwC*. Obtenido el 7 de mayo de 2024, de https://www.pwc.com/us/en/tech-effect/ai-analytics/ai-predictions.html

Aprendizaje basado en proyectos (ABP). (s.f.). *Edutopia*. Obtenido el 20 de mayo de 2024, de https://www.edutopia.org/project-based-learning

Recomendación sobre la Ética de la Inteligencia Artificial—
Biblioteca Digital de la UNESCO. (s.f.). Obtenido el 20 de
noviembre de 2023, de
https://unesdoc.unesco.org/ark:/48223/pf0000381137

ResearchRabbit. (s.f.). Obtenido el 23 de mayo de 2024, de
https://www.researchrabbit.ai

Ministerio de Educación de Australia. (2023, 1 de diciembre). Marco
australiano para la inteligencia artificial generativa en las
escuelas. Obtenido de
https://www.education.gov.au/schooling/announcements/a
ustralian-framework-generative-artificial-intelligence-ai-
schools

Scite Assistant—Tu compañero de investigación con IA. (s.f.).
Obtenido el 23 de mayo de 2024, de https://scite.ai

TED (Director). (2024, 23 de abril). ¿Qué es realmente una IA? |
Mustafa Suleyman | TED. Obtenido de
https://www.youtube.com/watch?v=KKNCiRWd_j0

El aula de IA: La guía definitiva para la inteligencia artificial en la
educación. (s.f.). Obtenido el 2 de mayo de 2024, de
https://www.amazon.com/Classroom-Artificial-Intelligence-
Education-Hitchhikers/dp/1959419110

La importancia de la integridad académica: Entrevista con Celina
Garza. (s.f.). Obtenido el 21 de noviembre de 2023, de
https://blogs.ibo.org/2022/05/16/the-importance-of-
academic-integrity-qa-with-ib-academic-integrity-
manager-celina-garza-PARTE-one/

Las palabras más usadas de ChatGPT—Plus. (s.f.). Obtenido el 3
de mayo de 2024, de https://www.plusdocs.com/blog/the-
most-overused-chatgpt-words

El poder de la indagación: Enseñanza y aprendizaje con curiosidad, creatividad y propósito. (s.f.). Obtenido el 17 de mayo de 2024, de https://www.amazon.com/power-inquiry-curiosity-creativity-contemporary/dp/0975841211

El estado de la IA en 2023: El año del auge de la IA generativa | McKinsey. (s.f.). Obtenido el 4 de mayo de 2024, de https://www.mckinsey.com/capabilities/quantumblack/our-insights/the-state-of-ai-in-2023-generative-ais-breakout-year

UN Human Rights (Director). (2017, 15 de mayo). Declaración Universal de los Derechos Humanos. Obtenido de https://www.youtube.com/watch?v=5RR4VXNX3jA

Weber-Wulff, D., Anohina-Naumeca, A., Bjelobaba, S., Foltýnek, T., Guerrero-Dib, J., Popoola, O., Šigut, P., & Waddington, L. (2023). Pruebas de herramientas de detección para texto generado por IA. *International Journal for Educational Integrity, 19*(1), 26. https://doi.org/10.1007/s40979-023-00146-z

¿Qué es el ABP? (s.f.). *PBLWorks*. Obtenido el 20 de mayo de 2024, de https://www.pblworks.org/what-is-pbl

APÉNDICE A

LAS 50 MEJORES HERRAMIENTAS DE IA
(A MAYO DE 2024)

10 Generadores de Imágenes/Videos con IA

Adobe Firefly: Generador de Imágenes https://www.adobe.com/hk_en/products/firefly.html	Adobe Firefly, un producto de Adobe Creative Cloud, es un modelo de aprendizaje automático generativo que se utiliza en el campo del diseño.
Canva Magic Studio: Generador de Imágenes y Video https://www.canva.com/magic/	Canva es una plataforma de diseño y comunicación visual en línea gratuita para todos los educadores
DALL·E 3 Generador de Imágenes https://openai.com/index/dall-e-3/	DALL·E 3 comprende significativamente más matices y detalles que nuestros sistemas anteriores, permitiéndote traducir fácilmente tus ideas en imágenes excepcionalmente precisas.
HeyGen—Generador de Video https://www.heygen.com	HeyGen es una herramienta en línea que te ayuda a generar o reutilizar videos usando tecnologías de IA que incluyen avatares digitales, texto a vídeo y traducciones de vídeo.

Lumen5—Generador de Video https://lumen5.com/	Lumen5 es una plataforma de creación de videos impulsada por IA que permite a cualquiera sin entrenamiento o experiencia crear fácilmente contenido de video atractivo en minutos.
Pictory—Generador de Videos https://pictory.ai/	La potente IA de Pictory te permite crear y editar videos de calidad profesional usando texto, sin necesidad de habilidades técnicas ni software para descargar.
Scribble Diffusion: Generador de Imágenes https://scribblediffusion.com/	El mejor generador de imágenes de IA es fácil de usar y está listo para convertir tus indicaciones de texto en innovadoras fotos de IA en cientos de estilos de arte de IA en segundos.
Shutterstock: Generador de Imágenes IA https://www.shutterstock.com/ai-image-generator	El mejor generador de imágenes de IA es fácil de usar y está listo para convertir tus indicaciones de texto en innovadoras fotos de IA en cientos de estilos de arte de IA en segundos.
Stability AI: Generador de Imágenes https://stability.ai	Activando el potencial de la humanidad a través de la IA generativa. Modelos abiertos en todas las modalidades, para todos, en todas partes.
Stable Diffusion XL: Generador de Imágenes https://stablediffusionxl.com/	Stable Diffusion XL o SDXL es el último modelo de generación de imágenes que está adaptado para obtener resultados más fotorrealistas con imágenes más detalladas.

11 LLMs

ChatGPT incluyendo GPT-4o y GPT4o-128k https://chatgpt.com	Un sistema de IA conversacional que escucha, aprende y desafía. El último GPT-4omni es multimodal
ChatPDF – Chatea con cualquier PDF https://www.chatpdf.com/?ref=aieducator.tools	ChatPDF es la forma rápida y fácil de chatear con cualquier PDF, gratis y sin iniciar sesión. ¡Habla con libros, trabajos de investigación, manuales, ensayos, contratos legales, lo que tengas! ¡La revolución de la inteligencia está aquí, ChatGPT fue solo el comienzo!
Character.ai – IA personalizada para cada momento de tu día. https://character.ai/	Conoce a IAs que se sienten vivas. Chatea con cualquiera, en cualquier lugar, en cualquier momento. Experimenta el poder de los bots de chat superinteligentes que te escuchan, te entienden y te recuerdan.
Claude: Haiku, Sonnet, y Opus de Anthropic. https://claude.ai/login?returnTo=%2F%3F	Claude 3 es la versión más reciente y avanzada del modelo de lenguaje de IA de Anthropic, lanzado en marzo de 2024. Consiste en tres modelos - (el más poderoso), con capacidades como comprensión multimodal de texto e imágenes
Gemini Pro de Google https://deepmind.google/technologies/gemini/pro/	Gemini Pro 1.5 es un poderoso modelo de IA multimodal desarrollado por Google que puede procesar y entender varios tipos de datos, incluyendo texto, imágenes, audio y video.
Magic To Do— GoblinTools https://goblin.tools/	¡Desglosando las cosas para que tú no tengas que hacerlo! Goblin.tools es una colección de herramientas pequeñas, simples y de tarea única, mayormente diseñadas para ayudar a personas neurodivergentes con tareas que sienten abrumadoras o difíciles.

Microsoft Bing: Tu Compañero de IA Diario https://www.microsoft.com/en-gb/bing	Aprende cómo acceder y usar Copilot para aprovechar el impresionante poder, productividad y creatividad del chat de IA.
Perplexity https://www.perplexity.ai/	Perplexity es un motor de búsqueda y chatbot impulsado por IA que utiliza procesamiento de lenguaje natural (NLP) y aprendizaje automático para proporcionar respuestas a consultas de usuarios. Está diseñado para buscar en la web en tiempo real y proporcionar información actualizada sobre varios temas.
Pi, tu IA personal https://pi.ai/talk	Pi es un chatbot de IA gratuito que proporciona apoyo factual y emocional. Está diseñado para ser conversacional y entender el lenguaje natural, y puede usarse para hacer preguntas, chatear y organizar el pensamiento.
Poe https://poe.com/	Poe AI proporciona acceso a una amplia gama de chatbots de IA de desarrolladores líderes como OpenAI y Anthropic. La IA en Poe está impulsada por modelos de varias fuentes, incluyendo: OpenAI: ChatGPT, GPT-4, y DALL-E 3 Anthropic: Claude Instant y Claude 2 Stability AI: Stable DiffusionXL Google: PaLM y Gemini-Pro Meta: Llama 2 por nombrar algunos.
Upword—Asistente de investigación y conocimiento impulsado por IA. https://www.upword.ai/	Organiza el contenido de tu vida, pregunta cualquier cosa a tu asistente de IA, realiza investigaciones con superpoderes de IA, crea documentos de resumen personalizados y gestiona tu conocimiento de por vida.

14 Específicas para Educación

Book Creator—Ama el Aprendizaje https://bookcreator.com/	Book Creator es la forma más simple e inclusiva de crear contenido en el aula.
Brisk Teaching | Herramientas de IA para Profesores. https://www.briskteaching.com/ai-tools-for-teachers	¡Más de 30 herramientas de IA que ahorran tiempo para profesores! Brisk es una extensión de Chrome, llena de herramientas mágicas de IA que optimizan tu preparación docente. Los profesores usan Brisk donde ya están trabajando - en Google Docs, Slides, YouTube, artículos y más. Brisk automatiza la calificación, retroalimentación y planificación de lecciones interactivas para optimizar los flujos de trabajo de los profesores y mejorar los resultados de aprendizaje de los estudiantes.
Canva gratis para educadores https://www.canva.com/education/	Canva es una plataforma de diseño y comunicación visual en línea gratuita para todos los educadores
Curipod https://curipod.com/	Curipod crea lecciones interactivas llenas de creatividad, reflexión y pensamiento crítico
Diffit https://web.diffit.me/	Los profesores usan Diffit para obtener materiales didácticos "hechos a medida", ahorrando mucho tiempo y ayudando a todos los estudiantes a acceder al contenido.

Edpuzzle | Convierte Cualquier Vídeo en Tu Lección. https://edpuzzle.com/?ref=aieducator.tools	Crea fácilmente hermosas lecciones interactivas en video para tus estudiantes que puedes integrar directamente en tu LMS. ¡Rastrea el progreso de los estudiantes con análisis sin complicaciones mientras inviertes tu aula!
Eduaide.Ai: Instrucción por Diseño. https://www.eduaide.ai/	Eduaide.Ai es una plataforma impulsada por IA que ayuda a los educadores a crear planes de lecciones, recursos didácticos y evaluaciones.
Education Copilot: Planificador de Lecciones con IA https://educationcopilot.com/	¡Genera planes de lecciones con IA, PowerPoints y más con Copilot! ¡Usa Copilot para atravesar fácilmente tu planificación de unidades y creación de materiales!
MagicSchool.ai https://www.magicschool.ai/	Los educadores usan MagicSchool para ayudar a planificar lecciones, diferenciar, escribir evaluaciones, escribir IEPs, comunicarse claramente y más.
Padlet https://padlet.com/dashboard	Crea bonitos tableros colaborativos para recopilar, organizar y presentar cualquier cosa.
ParentSquare https://www.parentsquare.com/about/	Comunicación entre Escuela y Padres. Apasionados por conectar mejor las escuelas con las familias para mejorar los resultados de los estudiantes.

Parlay Ideas https://parlayideas.com/	Parlay es una plataforma educativa impulsada por IA que ayuda a los maestros a facilitar conversaciones significativas, medibles e inclusivas en clase.
PhET Simulaciones Interactivas (¡Técnicamente no es IA pero gran tecnología educativa!) https://phet.colorado.edu/	Fundado en 2002 por el Premio Nobel Carl Wieman, el proyecto PhET Interactive Simulations de la Universidad de Colorado Boulder crea simulaciones gratuitas de matemáticas y ciencias. Las simulaciones PhET están basadas en investigación extensiva e involucran a los estudiantes a través de un entorno intuitivo tipo juego donde los estudiantes aprenden mediante la exploración y el descubrimiento.
Generador de Preguntas "¿Qué Preferirías?"| Auto Classmate https://autoclassmate.io/tools/would-you-rather-question-generator/	Esta herramienta de IA añadirá instantáneamente emoción a tu aula proporcionando preguntas de estilo "¿qué preferirías?" específicas para el curso y contenido.

6 Herramientas de Escritura y Gramática

AI-Writer.comTM—Generador de Texto IA https://ai-writer.com/	AI-Writer se enfoca en investigación y escritura, texto enfocado en SEO, citas verificables por editor y reformulación de texto, por nombrar algunos.
Grammarly: Asistencia de Escritura IA Gratuita https://www.grammarly.com/	Ofrece correcciones de ortografía, puntuación, gramática y estilo mientras escribes.
Merlin AI | Pide a la IA Investigar,Escribir, Resumir en 1 clic https://www.getmerlin.in	Chat de IA gratuito para responder todas tus consultas. Pide a la IA resumir videos, artículos, pdf y sitios web, escribir correos electrónicos, contenido en redes sociales y revisar contenido usando detector de IA.
ProWritingAid https://prowritingaid.com/product-focused-homepage	Escritura excelente hecha fácil. Tu entrenador personal de escritura. Un corrector gramatical, editor de estilo y mentor de escritura en un solo paquete.
QuillBot AI: Herramienta de Parafraseo https://quillbot.com/	QuillBot es un software desarrollado en 2017 que utiliza inteligencia artificial para reescribir y parafrasear texto.
Quill.org | Escritura y Gramática Interactiva https://www.quill.org/	Quill proporciona actividades gratuitas de escritura y gramática para estudiantes de secundaria y preparatoria.

4 Herramientas de Investigación

Consensus: Motor de Búsqueda de IA para Investigación. https://consensus.app/	ChatGPT para Investigación. Consensus es un motor de búsqueda impulsado por IA que encuentra y resume artículos de investigación científica. ¡Solo haz una pregunta!
NewsGPT https://newsgpt.ai/about-us/	NewsGPT entrega noticias imparciales, impulsadas por artículos generados por IA que eliminan las opiniones personales, asegurando transparencia e información imparcial
ResearchRabbit https://www.researchrabbit.ai	La aplicación de descubrimiento más poderosa jamás construida para investigadores
Scite Assistant—Tu Compañero de IA para Investigación https://scite.ai	Investigadores de todo el mundo utilizan Scite para entender mejor la investigación, descubrir debates, asegurarse de que están citando estudios confiables y mejorar su escritura.

5 Misceláneos

Miro Assist | Miro https://miro.com/assist/	Usando Principios de Diseño. Estás aquí para crear la próxima gran cosa y estamos aquí para ayudar. Desbloquea el poder de tus ideas con Miro Assist – tu nueva plataforma de lanzamiento para la creatividad, colaboración y productividad.
Mubert—Miles de Pistas Musicales Libres de Regalías Seleccionadas para Streaming, Videos, Podcasts, Uso Comercial y Contenido en Línea. https://mubert.com/	Mubert - El nuevo ecosistema de música libre de regalías para creadores de contenido, marcas y desarrolladores. Ven a Ver Cómo Nuestra Música de Alta Calidad Puede Elevar Tu Contenido
Mural AI: Conoce a tu nuevo compañero de equipo https://www.mural.co/ai	Experimenta una mejor manera de trabajar con Mural AI y la integración de Microsoft 365 Copilot de Mural. Mejora la colaboración, explora nuevas ideas y lleva a tus equipos a nuevas alturas de productividad e innovación.
MusicFX de Google https://aitestkitchen.withgoogle.com/tools/music-fx	MusicFX de Google es un nuevo modelo de lenguaje que puede convertir descripciones de texto en clips de audio.
Numerous.ai https://numerous.ai/	Eleva tu trabajo con hojas de cálculo con nuestra Herramienta de IA para Hojas de Cálculo, integrando la inteligencia de ChatGPT a través de complementos de IA para Excel y Hojas de Google.